今天也要用心過生活

今日もていねいに。

松浦弥太郎

MATSUURA YATARO

前言——起床後的深呼吸

小時候，看到什麼都會發問。

「為什麼狗兒會搖尾巴？」

「牠覺得高興，所以搖尾巴。」

大人回答後，小孩又一個一個丟出新問題。

「為什麼狗兒高興呢？」

「能和大家在一起，天氣又這麼棒，牠當然高興了。」

「那為什麼和大家在一起，天氣棒，牠就高興？」

你是不是也曾像這樣問個不停，讓大人頭疼呢？

人無法永遠都當個孩子，總在不知不覺間從「發問的一方」變成了「被質問的一方」。雖然這就是「大人的任務」，可是總教人有些落寞。

然而，要永遠保持著問「為什麼？」的好奇心，是非常困難的事。

臉上一旦習慣了大人的表情，每天的生活就只是日復一日。

「大概就是這麼回事。」沒有多想，只想把事情解決。

「反正，還不是這一套。」嘴裡這麼說著，什麼事都敷衍著做。

然而，這樣的日子過久了，人的心立刻就會變得像放了兩、三天的麵包，硬邦邦的。身體隨著年月老去是很自然的事，可是心不一樣。心變得硬邦邦的，是很悲哀的事。

在看不到的地方也保持天真——這就是我每天新鮮過生活的方法。「就算沒有成長也沒關係，只希望常保新鮮。」我這麼期許自己。

如果即便長大成人，還是能保持像孩子一樣的好奇心，那該是多棒的一件事。小時候請教別人的問題，現在如果自己去探究，想必能有無止境的新發現吧。

我想，這時解答就不再是「大人的任務」，而是「大人的樂趣」，甚至可以說是「人生的目的」。

本書介紹的祕訣，便是藉由發問「為什麼？」，使每天都像全新的一天。我試著列舉了許多例子，說明如何與生活中一件件的大小事面對面，一一深思，不只是用腦袋，而是以自己的全身全靈來認真看待。

並介紹幾個自己的做法，分享我是如何讓因忙亂的社會和人際關係而失焦的心，矛頭能繼續對準自己。

我高中輟學後去了美國旅行，回國後一邊幹些體力工作一邊在路上賣書。現在的我經營書店，寫稿，擔任《生活手帖》的總編輯。我的角色可以說是往好的方向大大地改變了。

不過，就是因為我一直保持著問「為什麼？」的好奇心，即便角色改變了，我還是原來的我。

花心思為每個提問找到答案，生活中便處處可見用心與新發現。能像品嚐美食或喝一杯讓人放鬆心情的熱茶，品味每一天，這就是幸福。

CONTENTS

目　錄

今日もていねいに。

CHAPTER ONE

1

健康的早餐

調整自己，打好生活的根本

CHAPTER TWO

2

上乘的午餐

在與人和社會的交際間，加進秩序和喜樂吧！

CHAPTER THREE

3

圓融人生的香料

要懂得生活的智慧與樂趣

CHAPTER FOUR

4

平和的晚餐

每一個今天，都要過得很仔細

CHAPTER ONE

1

健康的早餐

調整自己，打好生活的根本

每天「自我改造」

不管再渺小，再微乎其微，「快樂」是愈多愈好。早晨，我就抱著這種心情起床。一天之中只要累積許多小快樂，人就會不由自主感到幸福。只要這樣的日子持續著，人生在世就樂趣無窮。

而我保持快樂的方法，就是「自我改造」。

自我改造，絕不是被人指著鼻子說「去做」的事。

也不是硬逼自己「不得不去做」的事。

工作上的事也行，每天生活中的小事也行。

「如果學會這件事，一定很棒、很好玩。一定能有新收穫！」

準備幾項這樣的小企畫，然後花心思做好，全心投入挑戰，並一一完成。

換句話說，「自我改造」也就是自己發現問題、自己思考答案的一門「獨學」。

要保持每天都要學一項新事物的心境。

要學新事物，必定要下工夫，要去發現。也因為沒有老師，得獨力完成，過程中會比較辛苦，不過這就是挑戰的樂趣所在。

舉例來說，「泡出美味的花草茶」是我的自我改造計畫之一。喝花草茶，是我早上的習慣。

日本茶、紅茶、中國茶，不管是哪種茶，隨便沖一沖和仔細沖泡的成果截然不同。把泡茶當作早上的例行公事，隨便用熱水沖一沖，喝了一口，不好喝，結果剩下大半——即便如此，對生活也不會造成害處。

可是，如果把「泡出美味的花草茶」當作自我改造計畫，每天早上認真看待又是什麼情況呢？我想，泡茶的五分鐘一定會變成用心與發現的時刻，生活也會多一點充實。

「今早的茶太濃了」，或許有時會失誤，那也沒關係，計畫本就伴隨著失誤，從中必定有收穫。

「太好了，調整熱水溫度，香味就出來了。」隨著失敗的經驗累積，便能找到進步的方法，並增加自信。

「泡出美味花草茶的方法」——對我而言，這就是了不起的「創新」。

「不過就是泡茶嘛」，就算遭人譏笑也沒關係，只要你從中得到收穫，漸漸就能掌握每天的節奏，工作也能順利進行。

話說回來，自我改造計畫除了像前述的小企畫，也有大型的計畫。

像是我自己的改造計畫第二彈，就是「練習吉他」。

具體地說，就是：挑首衷愛的曲子，然後花上二十年練習，直到彈得得心應手。計畫進行期間比較長。

那首曲子我其實已經彈得出來了。

不過距離我心目中「得心應手的感覺」還有很大的差距，所以我仍一再地、反覆地練習那首曲子。

我沒有要登場表演，也不是想當職業樂手，也沒人給我期限，只是想一直練習到自己認可為止。這就是「自我改造」。

大型計畫雖然比泡好喝的花草茶要花上更多時間，但相對的，享受的時間也拉長。一想到等我七十歲，有了獨處的時間和空閒，如果能隨心所欲地彈奏吉他，一定很快活吧。我光想像就興奮不已。
我打算花時間做好這件事，如果一下子就熟習了，反教人悵然若失呢。
不管是誰，什麼都不去思考、隨波逐流過日子，是很寂寞的事。
如果不知道自己為什麼而活著，再苦悶不過了。
這種時候，如果幫自己定下許多「自我改造計畫」，早上起床就有了目的。
等到習慣了，除了在生活與興趣上花心思，也試著在工作和人際關係領域「自我改造」吧。如此一來，你就能以自己的手，來掌控自己的人生。

○ **請盡可能多想一些「自己改造計畫」。**
○ **將計畫記在紙上，並放在顯眼的地方吧。**

「早安」的功效

有些人害怕某些容易遇見特定人士的時間帶，像是通勤路上或社區丟垃圾的早晨。那可能是因為他們會遇上合不來的頭痛對象吧。

你也有像這樣的對象嗎？和他在車站驗票口偶遇，一起走到公司的數分鐘覺得很不自在；午休或購物時，會刻意與對方錯開出門時間。

不過很奇妙的，這種尷尬的感受即便不說，也會傳染給對方。

「難不成，那人很討厭我？」一旦你這麼想，對方也會有同樣的感覺。如此一來，雙方都散發出不自在的情緒，相處起來就更尷尬了。在驗票口遠遠看到對方，便趕緊跑向自動販賣機好避開，這樣的小動作不但折騰人，也很可悲。

覺得頭痛的人物，就主動接近對方吧。覺得某人討厭自己，就主動和那人交談吧。

這也是一種「自我改造計畫」，十分值得一試。

我在紐約的時候，曾向二房東租過公寓。

那女孩平常大都留宿男友家，想把房間租給我，好賺點零用錢。和飯店比起來，我比較喜歡住公寓，正求之不得。不過自始至終這只是我和她的私人協議，按規定是不能這麼做的，更何況我又是外國人。結果，在那之後每次出入在入口站崗的管理員總是惡狠狠地瞪著我。

「你又不是房客，為什麼成天在這裡出入。」他一定是覺得我行跡可疑吧。即便我向他解釋：「我借住在朋友家⋯⋯」，他也不相信我。次數一多，我便開始躲著他，偷偷摸摸地出入，到最後進出公寓變成了我的壓力。

雖然只是小事，但每天都會經歷，影響很大。一個弄不好，這小小的「不自在」可能會造成誤解，惹出糾紛也不一定。

我下定決心。既然對方不會自己改變，那就由我主動敞開心胸親近他吧。某個特別熱的日子，我去超市買了可樂回來。然後，我對公寓入口的管理員笑了笑，說道：

「你好。看今天特別熱，替你買了可樂。」

結果他開心得不得了，頻頻道謝。自此之後，每天早上我們都自在地互道早安。

我想打動他的心的不是可樂，而是我主動親近的心意吧。從這層意義看，問候就像魔杖，能使人際關係產生戲劇化的轉變。
不過，我和管理員雖然有了互打招呼的交情，但並不表示我們變成了朋友。和誰都能變成好朋友，這是不可能的事。
儘管如此，我的世界確實產生了重大變化。不過是打個招呼，僅守最低限度的禮節，就能維繫適意的人際關係——仔細想想，這不是很厲害嗎？只是一句「早安」，竟能消解人與人之間的芥蒂。
就算是談不來的對象，也主動向對方道早安吧。如此一來，不只是對方，就連自己的心情也會改變，早晨時光也會變得美好。

○不知如何相處的對象，就主動向對方搭話吧。沒有人會拒絕親近自己的人。
○即便獨處，也把「早安」說出聲。接下來的一天，會因此變得閃閃亮亮。

讓自己從容的一小時

比平常早一小時起床，早上就能過得格外從容。

可以仔細洗臉，從容用早餐。平常得搭巴士的路程，也能慢慢走。

我平常八點就會到公司，上班時間是九點十五分，比其他人早到的一小時，便是屬於我自己的時間。早一步起跑，使我能沉著進行那天的工作。

能讓我從容工作的這段時間，再珍貴不過了。自己一個人的工作，就在其他人還沒抵達的時間先完成。如此一來，上班時間一到，就能沉著地與陸續抵達的同事互動。

我們每天都得面對一連串的時間競賽，如果不動點腦筋，得花三十分鐘完成的工作，往往得趕在十分鐘做完。不過，如果有「一小時的緩衝時間」，就能從緊張中解放。

提早一小時，就等於多了一小時。

有緩衝時間，就能沉著工作。有緩衝時間，就有餘力下工夫。

「來試試看這麼做吧」，如果能花點心思，就算再無聊的工作一定也能找到新樂趣。

提早一小時——就能多享受一小時，這麼做實在划算。

「早一小時就寢，早一小時起床。」用說得簡單，但要做不容易。但我希望生活中能多一些樂趣和沉著，所以即便如此，我仍是循序漸進，試著在各種場合實行「提早一小時」計畫。夏天不用說，就算是秋冬，我也會實施「一個人的日光節約時間」。

與其多睡一小時，早起一小時，生活更愜意。

○將鬧鐘的設定時間提早一小時吧。早晨的一小時，珍貴如金。

○花上一小時，品嚐用心烹調的早餐，這才是真正的奢侈。

發現樂趣，開心下工夫

「最近，有遇上好玩的事嗎？」聽到這問題，有些人立刻就回答：「嗯，沒什麼。」每當這種時候，我都不禁覺得：「啊啊，真是可惜。」因為，樂趣是得靠自己去發現的。我也相信，快樂是從下工夫中誕生。

忙得喘不過氣、心情悶亂、工作難纏——遇到以上情況，試著去發現樂趣所在吧。如果不這麼做，壓力會像座高山擋在前頭，要翻越過去只是痛苦加倍。

體認到這一點，是我在真正的高山上時。為了《BRUTUS》雜誌的工作，我走了一趟美國的登山道。目的地是「約翰．墨爾徑」（John Muir Trail），走完全程得花上一個月時間。

這條登山步道連接優勝美地谷（Yosemite Valley），標高三千至四千公尺，而且沿途會經過數座國家公園，自然環境受到了嚴密保護，旅途艱辛。

我向來不喜歡這種無法天天入浴、自討苦吃的戶外活動，上路前雖然抱著期待，想「見識在山上才能看見的風景」，但仍是提不起勁。在這種狀況下，要如何振奮自己的心情，便是最首要的準備工作。

既然這趟旅行的主旨是步行，最重要的工具就是鞋子。出發時間在夏季，初春時我跑了一趟舊金山。在遠離市區的山中，有間製鞋鋪「Murray Space Shop」，他們做的是全世界最好穿的鞋。

店主人法蘭克先生是我的朋友，我告訴他今年夏天的行程，讓他使用石膏製作登山鞋要用的腳模，然後打道回府。訂購後鞋子全程以手工製作，完工需要一個月。

或許有人會認為我的舉動很愚蠢，不過是為了一雙鞋，特地搭飛機到舊金山，租車開了三小時山路，訂了鞋子便回國。朋友也笑我未免太瘋狂。

但這雙世上絕無僅有、與我的腳掌完全貼合的鞋，後來成了我這趟嚴苛的登山路上的護身符。

「他爬山時絕不會為了腳的事煩惱。」

這雙鞋是法蘭克先生懷抱著這份心意，使出工匠的看家本領做出來的。穿上後，每踏出一步，都加深我對他的信賴。

我一邊走一邊想：「下山後，就去找法蘭克先生吧。告訴他這雙鞋是如何忠實地陪伴我，並向他道謝。」請人做鞋——經過這一道手續，我和法蘭克先生一同品嘗到旅行的樂趣。訂製登山鞋，在走路這個單調的活動加進一些使人愉悅的巧思，支持我走完這趟艱辛的路途。

除此之外，我還做了另一項功課，帶了一個檜木製的漆碗到山上。

在山上吃飯，往往是使用鋁製或鐵製餐具吃食罐頭或冷凍乾燥食品。「只能這樣了」，一旦接受現狀，等著自己的便是難吃的食物。不過，那時我靈機一動，決心要帶個輕巧、上好的碗上山。

我曾聽人說，以前真正高級的碗都是檜木製的。然而，在檜木上加工需要高超的技巧，如今坊間販賣的碗，就算是高級品，也是以櫸木製成的。

「有沒有師傅能幫我用檜木做出以前那種碗呢？」

我努命調查，總算找到一位師傅，一直堅持延用古法製作檜木碗。

聽說從前和尚不管是吃飯或喝茶，都是用同一個碗。我也以「要用上一輩子」的心意，請師傅幫我做了一個上好的碗。第一次啟用，我決

定要帶到山上。我好奇地想：

「席地而坐，用最高級的碗，不知道飯吃起來是什麼味道？」

果不其然，後來在山中使用檜木漆碗和湯匙所喝到的湯，風味絕佳。

愈是艱困的處境，就愈應該設計一些讓自己開心的巧思。不管是公事或日常生活，只要有好奇心，都能度過難關。用不著特意上山，在每一天找到巧思和新鮮事的機會，我想俯首即是。

○就算在別人眼中只是小事，如果能替自己帶來莫大愉悅，那就去做吧。

○挑戰前以「失敗是正常」為前提，思考如何能開心進行吧。

發現新的自己的捷徑

「希望一直發現新的自己。」

這是我的期望。每個早晨、每一天，發現新的自己總讓我開心。因為，我還不完美，還遠不及理想中的自己。

當然，生活中的小事也好，與人交往和公事也好，一直以來我都盡其所能選擇正確的路走，相信「這條路，百分之百沒錯」才起步。

儘管如此，我還是可能會犯錯。就算走的方向正確，但那條路並不一定完美。所以在相信自己的決定的同時，我也無法不去想「有其他更妥當的路嗎？」、「還有別的做法嗎？」

去思考「其他的路」、「別的做法」，也就是在否定現在的自己。

否定自己，這說法或許給人的印象較陰沉，但那正是發現新自己的捷徑。

今日和昨日沒兩樣，大同小異的明日又將到來，歲月就這麼在不知不覺中流逝。

我覺得維持現狀，就是指一點都沒有進步，再無聊不過。而且，沒有變化的日子一旦過久了，心就會漸漸失去柔軟度。

沒有比思想定型更危險的事了。「這麼做絕對沒錯！」人在頑固堅持某一主張的同時，也會停止成長。

「我一定得這麼做！」如果染上動不動就武斷認定的毛病，想發現自己新的可能，也成了不可能的事。

就如「溫故知新」這句話所示，我們能從舊事物和先人的智慧學到很多。但在自己身處的時代，憑一己之力找出新發現，不也是我們活著的證據嗎？

正因如此，我總是試圖打壞自己。試圖反覆地否定自己，粉碎自己的意識心。試圖保持心的柔軟，發現新思維。我熱切地如此冀望。

○要軟化自己的心，就先將「絕對」、「普通」等詞列為禁句吧。
○今早試著做一件不同以往的事吧。

清潔的自信

打掃，是我經營的二手書店「COW BOOKS」重要的工作之一。

自從六年前開店以來，我總是不厭其煩地叮嚀員工：「眼睛看不到的地方，也要打掃乾淨。」

三十分鐘就能打掃乾淨的空間，我們每天會花上兩小時清潔。有人似乎覺得這麼做很不智。何況店裡每天都會打掃，往往乾淨得找不到必須擦洗的地方。大部分的員工都心生埋怨，「怎麼每天早上，都要我們做這種沒意義的事。」

不過，我注意到有幾個人在做清潔工作時總是一臉愉快，問了其中一個人原因，對方是這麼回答的。

——既然每天要打掃是決定好的事，我決定不要再去埋怨「好麻煩」，或去想「有什麼意義？」，索性開開心心地做。日積月累下來，這變成了我的自信，使我能夠抬頭挺胸地對顧客說：「歡迎光臨。」

聽了對方的回答，我領會到：是不是優秀的人才，差別就在於能不能樂在被指派的工作。

至於我執著於清潔工作的理由，也和他們相似。開始經營和以往的二手書店截然不同的「COW BOOKS」時，不論是經營或待客方式，我都得自己摸索。老實說，我一點都沒有自信。於是我想到了，如果能珍視自己所在的空間，至少能得到雖小但確實的自信。「每天打掃，不放過任何一個角落。」只要持之以恆，自己就有了一件值得驕傲的事，就算那只是一件小事。

現在也一樣，我在《生活手帖》的辦公室也在做一樣的事。

努力擦洗，精心整頓，每天打掃。只要守住這項原則，就算偶然發現一粒塵埃，也不過只是尋常的失誤，不至陷入「啊啊，他千萬別看那個櫃子啊」之類的窘境，做起事來能夠抬頭挺胸。

只要每天打掃，保持環境清潔，不管是誰都能變強的。

○不論是家人或職場，把自己的環境整理乾淨吧。

○讓乾淨的地方變得更乾淨，這也是一種創造。

起而行的行動家

發想。思考。出主意。

對我而言，不思考就無法工作，沒有收入。所以，我常在動腦筋。

發想固然要緊，但付諸實踐的行動力也同樣重要。否則，好點子就會像手抓不住的沙子般消失無蹤。

有些人會說：「我想做這件事。」可是說了很多，卻始終沒有著手進行，結果成了光說不做的評論家。發想，思索，與人分享，但還沒進行就做了結論。事情都還沒開始，就已經完結——這種沒意思的生活，我想盡可能避免。

所以，我以起而行的行動家為目標。

一旦得出好點子，不要光想，動手試試看。就像發明經過一連串的實驗會進化，試著去做之後也可能得出新的想法。

要行動其實並不難，每天早上寫下當天預定要做的事，做成條列式的清單就行了。

工作上的事、自我改造計畫，或是「陪女兒去游泳」，就算事小也要記下。因為人是健忘的動物。就連自己想做的事、好玩的事，如果不做成清單也會忘記。

清單做好之後，先從容易完成的事做起。如果沒完成，那就留待明天。明天沒做，就再延到隔天。

有時候，想做的事全都不易完成，以致明日復明日。這也沒關係，只要自己確實意識到「這只是延期」，情況就不一樣。

人的心似乎有把「沒做到的事」當作「沒這回事」的能力，往往一不小心就把自己還沒做的事給忘了。這時候，關鍵就在於一一確認「這件事我想做，但還沒做」。

第一次看到系統筆記，是我十九歲在美國的時候。那是六孔的活頁筆記本。眾所周知，內頁紙有各種式樣，而當時最教我驚奇的是「things to do」的格式。「〇月〇日，今日待辦事項」，在記入欄的左端還印上了小的四方格，那是用來回頭確認自己記下的事是否辦妥了。這設計實在太合乎人心，教我驚嘆不已。

我雖然沒有使用系統筆記，不過每天早上都會列下 thing to do 清單。隨興在本子記下，當作備忘本使用。

列下「本日的 thing to do」、「本月的 thing to do」清單，就是成為起而行的行動家的第一步，不管是生活或工作，都能從高處鳥瞰，一目瞭然。

○只要看一眼清單，就能大致了解一天行程，令人安心。

○比起重要的事，先從簡單的事做起，比較不易受挫。

舒服的節奏

比起隨波逐流，我更想以自己的節奏度過一天。

每一天的行程我都想當成「自我改造計畫」安排，所以對我而言，舒服的節奏十分重要。

將今日要做的事條列成清單，除了方便思考優先順位和提高效率，也是為了調整出令自己自在的節奏。

人難免會受到周遭事物影響，但我希望自己做每件事的動機都是自發的，與自己有關的事都能自己掌控。

對我而言，最舒服的節奏是三拍子。我的生活總是以「一・二・三」、「一・二・三」的節奏來進行。

完成「一・二・三」之後，不是繼續進行「四・五・六」，而是轉而進行下一組「一・二・三」。不管是自我改造計畫，或是公事，我都是以三拍子來進行。

舉例來說，《生活手帖》要開始一個新特輯，內容希望能「令年輕讀者印象深刻」。

像這種時候，我不會採取一次就大幅改變風格的方式，而是搭上「一・二・三」的節奏，將目的分成三期來達成。

第一期，實驗性地嘗試新風格。第二期，活用從前一期的讀者迴響知道的事，做出近乎完美的作品。第三期，則以達成百分之一百二十為目標，進行挑戰；遵循以上三個進程。

變化固然重要，但突然大幅轉變風格，很可能會嚇著讀者。若是分成三期逐步轉變，讀者就能跟上我們的腳步。

除此之外，第三期一旦做出成績，編輯部的戰力也會跟著向上提升。等到再開始下一個新企畫的「一・二・三」時，就不只是單純重新來過、重複同樣的進程，而是進入更高水準的「一・二・三」。

我舉出工作上的例子，好方便大家理解。其實，循序漸進朝著目標一步一步前進，是一種對生活的誠實，也可以說是為了與周遭人事物保持和諧，確實邁向目標的有秩序方法。

此外，不管對象是家人、朋友、戀人，與人交往尤其需要重視節奏與速度。自己單方面衝得太快，硬是將感情交出去，如果對方還未適應變化，不僅無法理解你的感情，還可能感到困惑。

一・二・三・四・五・六・七・八……只顧著自己的腳步，想要一口氣前進是不可能的。能以這種蠻橫的方式達成目標的人，基本上並不存在。著急行事，可以想見，一定會招致失敗。

不如遵循自己的節奏，找出適合自己的方法吧。如此一來，人際關係與生活能確實經營，工作也會變得順利，進而心緒也能穩定下來。

每個人覺得自在的節奏因人而異，你的節奏可能是「一・二」、「一・二」，也有人喜歡遵循起承轉合的「一・二・三・四」；遇到不同的情境時，節奏也可能改變。無論如何，事情有先後順序。不要追求在短時間就做出成績，而是有節奏的、階段性的，朝終點努力吧。

其實這本來是運動員的思考模式。離開高中前，我一直認真從事運動。那時我學到了，肌肉不可能一夕就練出來，不管是哪一種運動都不是有一天突然就變強。要先鍛練腰力和腳力，進而鍛練上半身的肌力，提高心肺機能。透過運動，我自然而然學會了跟著節奏。

服裝品牌Minä perhonen的創辦人皆川明先生以前是馬拉松選手，他曾告訴我：「雖然Minä接下來的計畫大致訂出來了，但我不認為做了成效會立刻出現。因為現在我看得到的，不是結果，而是過程。就像在練習一樣，只能循序漸進地逐漸累積，接近終點。」

我想，皆川先生一定也有他自己覺得舒服的節奏吧。工作也好、生活也好，請找出你自己的節奏。這就是誠實地、確實地一步步接近終點的祕訣。

○就像音樂一播放，工作也能變得順利，側耳傾聽你身體裡的節奏吧。
○有時也要意識到合作伙伴的節奏，有如合奏一般，享受一同共事的過程。

用心的飲食

吃東西這件事與人生息息相關。

基本上，一天得吃上三餐，每天都得吃，人不吃東西就無法存活。

自己和家人親手做的菜餚也好，店家賣的三明治也好，我想細細品嚐廚師用心烹調的食物。並對吃這件事，抱持感謝之心。除此之外的食物，我想恐怕近似於毒藥。

如果以忙碌當藉口，總是以機器做的食物果腹，不管是大人或小孩都會變得不幸。

有人會藉口「沒時間做飯」。

有人則喊「沒錢」，不上館子，直跑便利商店。

的確，如今城市裡充斥著方便取得的食物，可是那些本應是逼不得已時的救急食物才對。吃的時候，也必須清楚認知「這些食物對身體不好，可是現在沒其他選擇」，勉為其難地接受。

如果老是早餐吃便利商店的三明治，午餐吃泡麵，晚餐以百貨公司超市賣的熟食

解決，人的味覺會漸漸變得遲鈍。

除了要擔心食品添加物，更要緊的是「吃下不用心烹調的食物，人不會感到滿足」。證據就是很多人吃完飯團或泡麵後，往往覺得不過癮，又多吃了甜麵包和零食。這樣的日子一久，不只是身體，就連心的健康都會受到損害。

但我並不是要提倡「一天三餐，全自己做」。

也不是要說：「要在外面吃飯，就上有機餐廳或高級館子！」

我想建議的是，你應該在衡量到當天的身體狀況、地理環境、忙碌程度和錢包狀況等條件，仔細思量「在目前可能的吃食選項中，那一種是最適切的」，然後，才做選擇。

舉例來說，如果你預料到當天工作可能會很忙碌，沒時間出去用午餐，那做早餐時就順便做飯團，帶到公司去。

如果沒時間做早餐，也不要反射性地衝進便利商店，找一家提供現做三明治的咖啡店吧。

只要仔細想想，其實有許多不花大錢、不必每天自己下廚，也能吃到用心烹調的餐點的方法。

此外，不要忘了，就算只有一個人也要好好吃飯。

「要做菜給人吃時，我會用心做，可是自己一個人的話，吃泡麵解決就行了。」

聽到廚師朋友這麼說時，我很生氣。因為如果希望別人吃你做的菜能感到幸福，首先你自己一定得覺得幸福才行。一旦起了「反正只有自己一個人，隨便吃吃」的念頭，美味與幸福就會瞬間逃逸無蹤。

早餐，是一天的開始。不管你是一個人住，還是與家人同住，不管生活忙碌或悠閒，早餐請務必一定要健康地說「開動」。

○無論是哪一餐，都請選擇看得見廚師的臉、用心烹調的餐點。
○就先從簡單的早餐開始，試著為某人、為自己下廚吧。

優雅地執筷

與其添購一件很少機會穿到的華服，我覺得每天穿著上好的鞋比較時尚。

「只要穿戴上這個，什麼狀況都能迎刃而解」，至於那是什麼，因人而異。其實，除了物品，還有不管對誰都能派上用場的護身符。

那就是問候和執筷的姿勢。

「早安」、「午安」這類問候詞能如何幫助自己，在前面已經提過，除此之外，優雅的執筷姿勢對日本人來說也是強而有力的幫手。

用餐禮儀規矩繁瑣，不過最基本的，就是使筷子。

不管是簡樸的早餐，還是形式講究的懷石料理，吃日式料理時一定會用上筷子。如果能完美地使用筷子，不管遇上什麼場面都不用擔心。

常聽見有人說：「不好意思，我不大會使筷子。」正因如此，如果筷子使得好，我覺得能提高一個人的格調。

筷子每天都會用到，相對的，練習機會也有許多。有人指點了一個教我茅塞頓開的祕訣，方法其實很簡單，那就是執筷時手要執持在筷子的上方。

聽說一般人手習慣放在筷子中段一帶，而筷子使得差勁的人，往往握在下方，而且愈差勁的握在愈下端。相反的，如果執筷時盡可能執持在上端，儀態看起來也會變得優雅。

光是改變執筷位置，儀態就會變得優雅許多。這便是成為執筷名人的第一步。以後和人一起用餐，再也不用擔心失禮，也能增加自信。再說，餐敘場合並不只限正式的宴會，還有「在蕎麵店填點肚子」等日常場合。如此想來，優雅的執筷方式派得上用場的機會可不少。

當你即使一個人吃飯，也能保持優雅的執筷姿勢時，你的生活一定也會為之轉變。

○時時審視自己的執筷方式吧。

○不管是什麼事，練好基本中的基本，人就會有自信。

乾淨的姿態

要開始一件事之前，首先要重視整潔。保持乾淨，是做人的禮貌。

我認為萬物的基礎，就在乾淨。比起「會做什麼事、有什麼資產」，我覺得氣質乾淨的人，更值得尊敬。

對我而言，要保持乾淨，有條「這原則一旦崩毀，自信就會喪失」的分界線。我無法不認為，不管是再聰明、再有能力的人，一旦因為習慣而顯得邋遢的話，就是嚴重失格。因為，必須打好乾淨的基礎，自在的生活、好的工作和新點子才能孕育而生。

要保持乾淨的姿態，即便年歲增長，經歷過各種事，也不能失去天真。對新事物感到興奮，遇到開心的事會手舞足蹈，不失去這種真率的氣質，是長大成人後需要小心留意的事。

做錯事了就乾脆道歉，失敗了就認輸，絕不說謊，總是抱持正直親切的心。這些，就是保持心的潔淨的方法。

每件事都很簡單，可是要做好也很不容易。所以，我時不時會問自己：「這麼做乾不乾淨？」乾淨，除了是生活的態度，人的外在同樣也必須保持整潔。尤其是姿勢，格外重要。

就算穿高級的衣服，姿勢不好，只是糟蹋了衣服；相反地，簡樸的衣服穿在姿勢好的人身上，看起來就像高級品。

總是低著頭走路，身體斜一邊站著，久而久之，人就會變得膽小畏縮。姿勢不好還會對脊骨和內臟造成負擔，使人思緒混沌。

為了不使生活和工作也跟著歪曲，請重視自己的健康，留心保持端正的姿勢吧。不必刻意說討人喜歡的話，不用矯飾，就保持端正的姿勢和真率的心，過著乾淨的每一天吧。

○如果你總是低頭走路，坐下時有前傾的壞習慣，請盡快改過來吧。

○腳跟和耳後等平時不容易看見的身體部位，也要保持清潔。

遇見「老師」

我常利用的停車場，有個令我很頭痛的管理員。他人過中年，說話很囉嗦。每次我去停車，都得經過一番相同的交涉。

「後照鏡要闔上嘛，這個停車場，後照鏡不闔上沒辦法停。」

「對不起，我車子的後照鏡壞了，動不了。」

「那是你家的事，後照鏡請闔上，不要超出白線。」

「可是前次和前前次，我後照鏡沒動也停得進啊。」

同樣的問答上演了好幾回，教我不勝其擾，不過那個停車場地點最方便，只好忍耐。由於每次都得進行同樣的爭論，不久我連管理員的長相都記起來了。

就在前陣子，我們起了爭執。之前總是勉強通融的管理員，那天用手硬是闔上我的後照鏡。

雖然後照鏡沒壞，但被人如此冒犯心裡不可能舒服。事實上，我很氣憤。

但車都停好了，只好忍下這口氣，繼續購物的行程。不過我的怒氣對方似乎感覺到了，應該是我說話時忍不住提高了音量。

真討厭啊，我心裡這麼想。一想到回來付停車費時，還要和那個管理員打照面，心裡就不爽快，可是又不能把車留下。

苦惱之際，我想起：如果希望今日的自己能比昨日成長，有所改變，我必須向周遭事物學習，因為其中最好的「老師」，就是人。

我們每天會接觸的事物有無限多，經驗和事件，書本、藝術和音樂，人會受到各種刺激，並因此改變。

我也不例外。但一直以來影響我最深的，始終是人。

影響我的人之中，有值得尊敬的人、厲害的人，也有極具魅力的人物。然而，事實上，並不是只有特別優秀的人才是我的「老師」。

就算是過著超乎尋常慘痛生活的人，或是吊兒郎當的騙子，從他們身上，我也學到了東西。

即便只是一個談不上朋友、萍水相逢的路人的笑容，也是使我的生命成形的一個雖小但不可或缺的部分。

從這層意義看，停車場的管理員也能是自己的老師。

「那他能教我什麼呢？」

我思索著這件事，回到停車場，並向管理員打招呼，還向他道了歉，「剛才真是對不起。」

結果，他接受了我的讓步，彷彿忘了後照鏡的事般，對我說：「多謝時常惠顧」，甚至笑容滿面地送我離開。那一秒鐘，那句「有個令我很頭痛的管理員」，便得改成「有個曾令我很頭痛的管理員」，成了過去式。

儘管如此，希望所有的相遇都是美好的，不過只是美夢。

現實的生活中，你會遇到尷尬的事，也會遇上氣憤的事。正因如此，時時去思考「從這次邂逅，我能學到什麼？」，便有它的意義。

只要想著今日自己遇見的每一個人，都是能帶給自己某些啟示的老師，你便不會再去計較對方的服裝或外貌，性格是好是壞，因為從溫柔的人身上我們學得到東西，從心眼壞的人身上，也有東西可學。

只要嘗試以這個觀點來看待他人，想說「謝謝」的感恩之心也會油然而生，不會忘卻人必須仰賴他人才能得以生存的真理。

○試著把每個有機會交流的人都當成老師吧。

○從好體驗學得到東西，同樣的，從壞體驗也能有所收穫。

快活的笑容

最高級的禮物。人生的護身符。讓每一天變得充實的祕訣。

笑容，便是能兼顧以上三者的魔杖。

在電車上看到鄰座的嬰孩天真無邪地笑了，我想不管是誰都會覺得心頭暖洋洋的。不只是嬰孩，家人朋友也好，同事、車站商店的店員也好，每個人的笑容都有同樣的力量。

只要不忘笑容，大抵的難關都能度過。

就算人在國外語言不通，只要微笑，就能溝通；在工作上遇到瓶頸，不忘笑容便能順利突破。陷入困境的時候，最要緊的並不是尋求解決之道，而是笑容。

笑，可以讓生活發光。如果總是能面帶笑容，那就像手持魔杖，生活也好工作也好，都會變得豐富充實。

只不過，笑容固然重要，如果只是皮笑肉不笑，那就只是演技，一點意義也沒有。
所以，請好好想一想，如何才能讓自己打從心底笑出來。
微笑是誰都辦得到的，最簡單的事之一。
「和他們在一起，我總是笑逐顏開。」
「做這件事的時候，笑意打從心底源源不絕。」
思考過了，清楚自己笑容的原因了，就盡可能努力達到那種狀態吧。
此外，狀況不好時，不管是誰笑容都會減少。如果發現自己無法打從心底笑了，那就是你必須審視自己的心的時候。
你可以在睡前回想「今天我笑了幾次？」，或者在早上起床時，誓言「我今天一定要笑口常開！」這也同樣有效。
特別是要和初次見面的人碰頭的日子，你更要意識到笑容。當彼此摸不清對方的想法時，笑容便是雙方之間的潤滑劑。

○說「謝謝」時請搭配「笑容」，如此一來，便能自然地傳達心意。
○發現笑容變少了，就找機會獨處一段時間，找回自己吧。

好奇的眼神

「如果明天將死去，今天卻沒有珍惜度過，那就太可惜了。」

我是這麼想的，不過並不是「何時死去都不覺遺憾」的意思。

起床，工作，看電視，結束一天。如果這是人生在世的最後一天，我一定會死不瞑目。但是，這並不意味著我希求每天都發生夢幻般的邂逅或刺激的冒險。

如果要我說即使明天生命走到盡頭也不覺後悔，能夠安詳辭世的方法，那就是每天都要用心地過。我認為只要做到這一點就夠了。

要每天用心地過，你必須製造一個契機，讓你能夠回想起那一天有多重要。一件小事也沒關係，試著在生活中投入新元素吧。

今年夏天，我在《生活手帖》編輯部製造了一個小小的新鮮事，那就是扇子。

夏日炎炎，做什麼事都提不起勁，我一直在想要怎麼做才能愉快度過夏天。最後，我決定送每位員工一把扇子。

「大家，讓我們用扇子打敗暑氣吧！」

我一說完，每個人都笑了。或許有人會想「與其搧一把小小的扇子，開冷氣不是比較快嗎」。然而，不過是咚地丟進一把扇子──以往生活中沒有的新元素──這年夏天就變得不同以往。

每次看到扇子，或許有人會想，「今年夏天好好努力吧」；大家一起搧著風時，扇子也彷彿成了「齊心協力」的象徵。

不過是加進扇子這個新改變，每一天就變得新鮮。就像使用全新的筆記本時會特別珍惜，只要日子過得新鮮有趣，人就有仔細過生活的動力。

扇子不過是物質的契機，要使每天都過得新鮮有趣，最好的方法，其實是保持好奇心。好奇心能夠找到潛藏在尋常的每一天裡的新鮮事，實在是妙用無窮，相信很多人都有同感吧。

發現新鮮事的早晨即將展開，希望今天也是無可取代的一天。

○不管多小的事都沒關係，每天做一件新嘗試。

○年紀愈大，愈要鼓起勇氣挑戰新事物。

CHAPTER TWO

2

上乘的午餐

在與人和社會的交際間，加進秩序和喜樂吧！

分享快樂

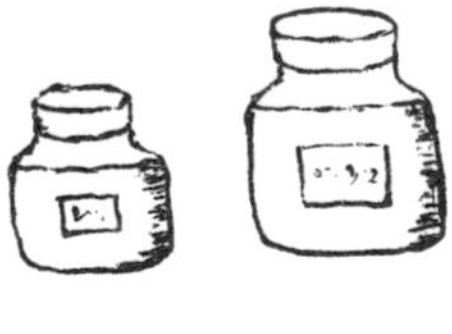

那家小巧的韓式餐館是一個老奶奶開的。一個人吃午餐的時候，我常去那家店。《生活手帖》編輯部辦公室附近是韓國街，有多家韓式餐館，其中這家店口味特別好。

尤其是免費提供的韓國泡菜，我非常喜歡。因為實在是太美味了，有一天，我帶了一個大密封罐去吃午餐。

「店裡的泡菜實在太好吃了，我想買點回去，可以嗎？」

因為老奶奶聽不懂日文，我只能靠動作手勢表示來意，結果老奶奶開心得不得了，或許是很高興自己親手做的泡菜味道受到肯定。她說「泡菜是免費提供的，喜歡儘管拿回去」，大方地替我裝了一大罐。因為泡菜，老奶奶和我都很開心。有機會和人坦誠交流，也讓我有一點幸福的感覺。

回到公司後，我開始收集辦公室裡的果醬空瓶和密封罐。因為同事們偶爾會在編輯室做菜試吃，我順利找到了八個大小不一的空瓶。

我馬上動手分裝老奶奶給的泡菜，在大罐子貼上有家庭的同事的名字，在小容器貼上一個人住的同事的名字，然後對大家宣布：

「我帶了超好吃的泡菜回來，放在冰箱裡。我已經在罐子上標好各位的名字，請大家帶回去品嚐吧。」

一個編輯部同事立刻去打開冰箱，說道：

「咦，怎麼沒看到松浦先生的罐子。」

我回答自己不用了。因為我只是想讓大家嚐嚐美味的泡菜，才跟老奶奶分些泡菜回來。和人分享美味，共有美味，與人產生關聯，從中而生的樂趣有種特別的韻味。

不只是美味，就連快樂也可以分享，使我享用了一頓美好的午餐。

○好吃的食物，如果有人可以一起說「好吃」，美味加倍。

○吃飽後別忘了和店家打聲招呼，「我吃飽了，東西很好吃」。

授與的規模

人生不是由你做了什麼、從事什麼工作、做出什麼東西決定的。關鍵在於，你授與了別人多少。

不過我所說的授與，給的並不是物品，而是生活的智慧、舒心的方法、對新事物的看法。發現許多像這樣的見解，盡可能與人分享，我認為這也是使自己幸福的方法。

我已經年過四十，正好走到人生的中間點。

人活了半輩子，累積了許多經驗，能夠傳授給其他人。人生才過了一半，也還有勇氣摧毀既有的成績，從零開始追求更美好的新事物。

所以，我決定先從身邊的人開始，希望傳授一些經驗給他們。不是只藏在自己的抽屜裡，我決定不藏私地分享出去。我認為這是我這個年紀的人應負的社會責任。

事實上，不管身處什麼年代、什麼立場，人都不得不給予。

「為了讓我更成長，公司應該怎麼栽培我？」
「為了改善社會，國家應該怎麼做？」
如果只是像這樣一味等待，只知要求，那你什麼都得不到。你必須自己先付出，回饋必然會到來。
「可是我沒有足以教人的本事」，不用去煩惱這件事，因為不管是誰一定都有可以傳授給別人的東西。你要做的，只是先找到那是什麼。
即使不懂什麼人生智慧，可是你知道要如何逗人笑，安撫人心，那就這麼去做吧。所有的事都虛心、奮力地去做，展現你純潔真誠的心。
等到你辦到了，接下來請去思考授與的規模，你只能讓眼前的人笑嗎？還是你能夠讓世上無數的人笑？因為授與的規模愈大，你得到的回饋也會愈大。說不定，那就是所謂的成長也不一定。

○如果有自己想要的東西，就先讓給別人。
○就算只是小東西也沒關係，準備好自己能夠給予他人的東西，以便隨時都能拿出來。

開始在崩壞當時

收音機、皮包也好，自行車也一樣，世上沒有不會壞的東西。「反正已經用很久了，買新的還比較便宜」，或許這就是現今的世道。東西直接丟了比較省事，也不會有人說閒話。

不過東西壞了，我還是比較喜歡修理使用。因為有東西會壞這個大前提在，我認為東西壞了正是開始的時候。東西壞了，不丟棄、不添購新品，矢志修好它，花時間修繕，我認為直到那時，那才真正成為你的東西。

與人交往也一樣，經過衝撞、摩擦、崩壞、產生嫌隙，然後，才正式開始。始終保持和睦氣氛的交往很浮淺，一直要到發生糾紛，表露真心，互相傷害，一直以來的交情崩毀的那一刻起，你才算與那個人產生關係。

人心比物品易壞，而且可能會壞上數次。每一個重要關頭，我們都像站在分岔路口。

只是一心想從紛爭中脫身，甚至不惜捨棄與那人的關係？或是，選擇不退卻，與對方面對排解，努力地、用心地修補彼此的關係？

我總是選擇後者。這就跟修理東西一樣，不，是更勝於此的艱苦試煉。直接面對那個人，不惜顏面，說不出口的事、羞於告人的事化作言語告白，有時像個孩子嚎啕大哭。心情絕不容許一絲敷衍。

儘管過程痛苦，但是當傷口和裂痕被細心修補之後，雙方的關係一定會更加深入、豐富，體會到平靜與滿足的心境。

所謂豐富，指的並不是眼睛看得到的表相，而是隱藏在其中的故事。

就像是不斷修修補補穿了十年的鞋，對我而言，它不再是一雙尋常的鞋。最初磨壞鞋跟的那趟旅程的回憶，幾年後使得鞋尖綻線的那場意外，以及每次都細心替我修補鞋子的修鞋師傅的心意，使得那雙鞋成了一項凝聚心意的寶物。就算別人不知曉，但上頭有屬於自己的故事，就比任何昂貴的新品都更有價值。

與人的交往也是一樣，「我們曾碰上那種事，不過一起克服了」，有愈多共同的回憶，雙方的友情也會變得更充實。

聽到有些夫婦自從交往以來一次也沒吵過架，總讓我覺得落寞、難以理解。有這種感覺的難道只有我一人嗎？

物品經過長年耗損也會逐漸消磨，與人相處，熟悉之後如果不起摩擦反而危險。

只要把毀壞當作前提，你就能直截了當地與對方溝通。人數不用多，這樣的對象只要有幾個，人生就能變得豐富充實。

○只要抱著即便壞損也要修復的打算，有話就無須隱忍不說。

○認真地看待每段關係，就不需要過多的朋友和物品。

人際關係養成

我房間有個小巧的常春藤盆栽。

盆栽很小，炎熱的日子只要受日照太久，葉片就會變得乾巴巴的。可是靠牆放，又會正對冷氣的出風口，也會妨礙葉片的生長。

「到底要放在那裡，才對這個植物最好？」苦苦思索後，我決定了放置的地點。一直要到那一刻，我才有資格抬頭挺胸地說：「我在照顧這個盆栽。」

戀愛也好，友情、信任也好，人際關係不是製造出來的，而是需要養成的。從鼓起勇氣踏出第一步開始，歷經反覆的毀損和修復，交情逐漸加深。這種時候，最重要的就是養成的那份心意。要構築一段雙方能在其中成長的關係，養成的心意不可或缺。

所以朋友和家人自不用說，就算是與在工作上接觸到的人交往，我也會像照顧小小的盆栽那般照料。

人際關係的養成，不是要你一一提點朋友「你應該這麼做」或是「不要做傻事了」，而是盡可能從對方的立場來思考。最危險的就是，不好好觀察對方，把自己的意見放在最優先。

「對方現在處在什麼狀況？什麼事能讓他感到幸福？他討厭別人怎麼做，喜歡別人怎麼對待？」——能知道答案的方法有兩種，一是詳細地觀察對方，二是具備推想對方心理的想像力。

當然，人和植物不一樣，人會說話。不知道的事能發問，託心對話也是必要條件。不過，語言並不是萬能的工具。

人和植物不一樣，人還有耳朵，可是我們卻往往忘記這個能力，常在不知不覺中犯下錯誤，不去聽對方傾訴，而是把自己的意見強加在朋友身上。所以，與人對話時，請先仔細觀察對方，並抱持著想像力吧。只有窮盡自己的能力，你才能永續珍惜與對方的關係。

○不能藉口為對方著想，把自己的意見強加在對方身上。
○以照顧不會說話的植物的細膩心思，來推想對方的感覺吧。

馬卡龍溝通法

咕嚕一聲嚥下害臊，往前踏出一步，世界就會為之一變。

人與人的溝通一旦跨越那條線，就能和睦地度過一天。

柔情在心裡萌生，在人與人之間傳遞。而如此的喜悅，其實只需要一點點勇氣就能得到。

那天，我到一家好吃的麵包店用餐。

那家店有個醒目的紅屋簷，店內可見香噴噴的法國麵包、香甜的丹麥麵包、加了大量奶油的牛角麵包，香味四溢。

我在二樓的用餐區點了麵包和咖啡後，六、七種果醬和蜂蜜送了上來。店裡的女服務生這麼交代：

「果醬都可隨意享用，不過請不要使用挖果醬的小湯匙塗抹麵包。」

我這下頭疼了。考量到衛生層面，將果醬先舀到盤子上再以麵包沾取的作法的確比較妥當，可是實際做起來並不容易。

因為跟麵包一起送上來的盤子只有一個，但果醬種類很多，覆盆子、藍莓、小紅莓，我都想嚐一嚐。還有無花果、橘子、蘋果口味，以及蓮花蜂蜜，我全都不想錯過。可是，如果把果醬舀到同一個盤子，味道會混在一起，變得很奇怪。不得已之下，我只好出動了咖啡碟，可惜還是不順利。看到咖啡碟弄得黏糊糊的，我心裡很過意不去，心想至少不能連桌子都弄髒，因而陷入了苦戰。這時，女服務生看了我一眼。

「對不起，果醬不方便沾取，我只好連咖啡碟都用上了，弄得這麼髒，真不好意思。」

感覺像是受到了譴責，我趕緊道歉，結果女服務生說：

「啊，真對不起，我應該多幫您準備幾個小盤子的。」

說完，她送上幾個盤子，還微笑著對我說：「請不用客氣，慢慢享用。」

本以為她一定會在心裡暗罵「這客人也太不上道了」，氣得上前阻止，沒想到她竟如此親切地招呼我，我不禁鬆了一口氣。

緊張紓解後，我注意到她一直在看擺在我旁邊的那本雜誌。那一期碰巧是「麵包特輯」。我們因此聊了起來，她告訴我是因為喜歡麵包才在這家店工作，她很喜歡麵包剛出爐的味道。

交換了三言兩語，我雖然免除了被安上「弄髒盤子的奧客」身分，但我們客人和店員的關係並沒改變。

這時，只要再踏出一步，就能建立起人際關係——我深知這個道理，於是便鼓起勇氣。

我把行李留在座位，下樓去買要帶回公司吃的三明治，並多買了一包馬卡龍點心。回到座位後，我把馬卡龍送給她。

「謝謝妳的好意，方便的話，請收下。」

我並不是別有用心。畢竟禮物不過只是兩百圓的馬卡龍，而且還是她工作店裡的商品。

只不過，我一直認為對人心生想說「謝謝」的念頭時，必須將感謝的心情確實傳達給對方。

這個「馬卡龍溝通法」並不是特別的故事。不管是在日常生活

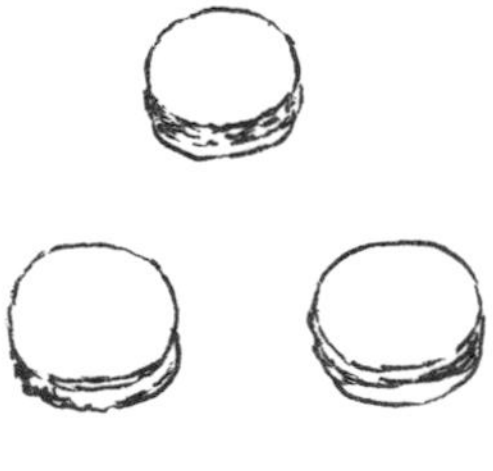

或是旅途地點，我常對陌生人做一樣的事。就算不是以送禮的方式，我也會想方設法確實表達自己的感謝與好意，並提起勇氣實行。

「可是，這簡直就像搭訕嘛。」有朋友這麼調侃我。

的確，雖然我的本意只是想送個小禮物，但有時候會嚇著對方，甚至引來反感。轉念一想，每個人的行事作風都不同，希望全員都樂意收下我的禮物本來就是不可能的。不過，就算有一半的人拒絕，至少還有一半的人覺得高興。

而且，在世界各地的各色場所，製造互道「當時，真謝謝你」的機會——這不是很美好的事嗎？

我相信這也是為了豐富一天生活的「冒險」。

你要不要也試著鼓起勇氣行動呢？

○除了「謝謝」這句話，也一起附上小禮物吧。

○與人一起分享害羞和猶豫之後的「喜悅」吧。

幫對方製造開口的機會

第六感不用特別強，只要用點心，就能察覺某人是否有話要說。

你應該也有經驗，有時候面對公司的後輩，感覺得到對方「似乎有話想說，但是看我在忙，在找時機開口」。

尤其當對象是家人或戀人時，你更能清楚感受到對方「有話想說的訊號」。

如果察覺某人有話想對你說，就自己主動製造談話機會吧。這也是在傳達「你的事第一優先」的訊息給對方。

況且，一味地等著對方開口，對方一直在找說話時機——這種無聲的交流，不可能多愉快。

再加上你都知道對方有話想說了，卻因為「今天很累」等理由擺出無視的姿態，次數一多，很可能會導致對方爆發不滿的情緒，也難保雙方關係不會生變。

因為覺得自己「不被重視」，不管是誰都會難過。對方有話想說你卻不搭理，就像在表示「你對我而言不算什麼」。

拿我自己來說，不管是職場還是私生活，我都會選擇主動開口。

「我搞錯的話就算了，你是不是有話想說？」

不要讓氣氛僵得像警方問話，友善地製造機會，拋出話頭。

有些時候，對方或許是有事想問。這種情況在日常生活特別容易發生，像是你要開始做一件新的事、考慮換工作，或是生活有了變化的時候。當你的心情起了變化，家人、戀人和朋友自然會察覺，可是他們並不知道詳情，難免會在心中揣測：

「到底他什麼時候要跟我說呢？」

然而，在面對生活中自己信任的朋友時，我們往往不會把心情化作語言，總是認定很多事即便不一一報告，對方也能理解。

遲遲沒說的結果，最後竟使得對方深受傷害。所以為了避免這種情況，我會主動製造機會，請對方給我一些提示。

「我好像有事忘了，記得有件事要跟你說對吧？」

有時候，可能是你把對方的問題給擱置了，欠人家一個回覆。像你在準備新企畫，卻忘了向大家說明；或是自己提議要辦家族旅行，卻遲遲沒有行動……

就算只是雞毛蒜皮的小事，對在等回音的對方而言可是大事。

自己主動接近，不僅可以減輕對方的負擔，對自己也是好事。畢竟比起被人逼著回答，自己主動說明心情會輕鬆得多，不是嗎？

○如果注意到某人有話想說，若無其事地幫對方製造機會吧。

○請好好回想，是否曾在無意間忽視了重要的人。

乾脆地道歉

沒有人不會犯錯，也沒有人不會失敗。即便進行前謹慎考慮，用心去做，還是經常可能發生失誤。

工作上的事也好，家裡的事也好，與朋友的交往也好，我們難免會犯下錯誤。這種時候，關鍵就在認錯。坦然接受犯錯的事實，乾脆地道歉。

不管有沒有惡意，造成周遭的不便是事實，立刻道歉也是理所當然的事。

如果能真心地說出「對不起」，一定也能重修舊好，好好反省，早一步重新開始。

最不可取的不是失敗，而是失敗了卻不承認。大部分的失誤和錯誤，誰都能一眼看出，即便如此，人卻還是找藉口推拖，使小聰明掩飾，結果招致更大的後悔。

我認為後悔，就是指事後對於做了無可挽回的事感到悔恨。原本只是道歉就能了事的小事，如果一直逞強堅稱「自己沒做錯」，只會造成更大的損害。

能夠認錯，也代表擁有聽取他人意見的能力。所以不要只是一個人鑽牛角尖，也

要向周圍的人學習，如此一來，就能提高做判斷時的正確度，日後自然就不易犯錯。

再者，如果能虛心地仔細分析失敗的理由，還可以從錯誤中學到很多事。

○覺得自己做錯了，就坦白認罪，立刻道歉吧。

○承認錯誤，改正過失，人便能從錯中成長。

凜然的誠實

如果是僅只一次的關係，那就不要太過深入。這是我與人交往的原則。

舉例來說，有很多人會來找我。

「我在畫插畫，您能給我一些建議嗎？」

「我是新人攝影師，請給我的作品一些批評指教。」

而我的回答總是一樣。

「我不會給你建議，也不會評論你的作品，但我會看你的作品，記得有你這個人。」

或許有人會覺得我的回應太過冷淡，不過這就是我誠實的原則。

不管是工作上的事，還是戀愛或人際關係的煩惱，有人找你商量而你要給對方意見時，你必須做好要看顧對方一輩子的覺悟。

「你的作品，如果這方面再加強一些如何呢？」一旦我給了某人建議，就算只是抱著輕鬆的態度發言，我也必須一輩子與那人來往。如果那個人說「我依松浦先生的建議做了調整，請看一下」，跑來找我商量，那就算是排開工作行程，我也必須會見他，這是我的義務。

這份義務會持續一輩子，中途放下是卑怯的行為。所以一開始就不要輕易跨過那條線，對雙方都好。

要給家人、朋友或一起工作的同事建議時，必須秉持與之相應的覺悟與熱情。我希望給別人建議時，都能嚴肅以待，而我的能力有限，所以我才無法對所有人都一視同仁。

以輕率的態度給予建議，不過是不誠實的溫柔。沒有脊柱、軟趴趴的溫柔，嘴巴上說起來雖然好聽，可是並不會長久。

遇到別人找你商量戀愛或工作的煩惱時，如果你不先考量自己的負荷能力以及與對方的關係就給建議，到最後可是會連要為真正重要的人付出的熱情都耗盡。

○有時候對所有人都溫柔，反倒是不溫柔的表現。

○事先定下原則，畫出自己的底線，人際關係就能清爽許多。

有變通餘地的約定

約定，不容許一絲曖昧存在。

要嚴肅看待，以「絕對要遵守」的心情來定下約定。就因為約定是牢不可破的，與人定下約定時，一定要替對方留有變通的餘地。

不管那項約定有多重要，絕不能以命令的措詞來表達。尤其當對方是你的朋友或工作伙伴，是你重要的人時，更是如此。

就算對方願意遵守約定，如自己所願，但如果因此把對方逼到極限，那到底是為了什麼而定下約定呢？

與人約定時，首先要找到雙方都能接受的妥協點。為此，你可以先試著想像這項約定是否有替對方留下退路。

其次，如果是個人的事，叫約定；如果是工作上的事，就是契約。那時需要的，就是「變通的餘地」。

契約因為牽扯到金錢交易，必須比個人約定更嚴格執行。舉個例子，在幾間同性質的公司裡，要選擇和哪一家公司簽約時，有人會以「價錢最便宜、可以幫忙趕交貨日」的理由當選擇基準。

如果只考慮到己方的情況，這或許是妥當的做法，可是在這個契約中，對方可能答應得很勉強。將不利條件全推給一方承受，強硬定下契約，這種合作是不可能長久的。強忍到最後，對方甚至有倒閉的危險。

而且不公平的契約，是不可能產生伙伴意識的。相反的，當己方碰上困難時，對方甚至可能毫不眨眼地就中止契約。

相對的，如果契約條件是己方能接受，而對對方也有利和變通餘地時，雙方之間就會萌生信賴關係。只要多締結幾個發生困難時不會拒絕自己，願意伸出援手的合作對象，公司就能穩健經營。特別是處在變動的時代，今天己方雖然處於優勢，但說不定哪一天立場會逆轉。

我覺得與工作上的合作對象最理想的相處模式，就是像家人的關係。所以在要求合作廠商配合時，我會這麼問自己：

「如果這個人是自己的妹妹，我還會提出如此不合理的要求嗎？」

如果答案是「不」，那就是自己的要求有問題。

不只是公司對公司，上司對部下、前輩對後輩、在私生活參加社團與人一起擔任幹事時也一樣，萬不可以將負擔強加在對方身上。

人與人的關係就像蹺蹺板，角度隨時會變化。己所不欲，勿施於人——這道理再簡單不過，但人總是容易忘記。

給對方留退路或變通的餘地是緩衝軟墊，不只能夠解救對方，有一天還能回過頭來幫助自己。

○所謂的公平，是為了能夠愉悅地做判斷而設立的基準。
○即使硬逼對方說出「yes」，這個承諾裡也沒有情分。

謊言的尾巴

「啊，他在說謊吧？」

虛張聲勢、虛榮，跟先前的發言內容不一致，閃爍其詞。不管對方如何巧妙掩飾，謊言時常會露出尾巴。每當這種時候，我總是乾脆受騙。

我認為不管是交友或工作，多少會存在謊言，所以就算知道對方在說謊，我也能坦受接受。絕不會質問對方：「你在說謊吧？」也不會對說謊的人感到失望或嫌惡。

我不是聖人，自然想像得到對方一定有他不得不說謊的理由。有些狀況，確實教人不得不欺瞞，想盡辦法偽裝遮掩。

與某人交往，就是要百分之百接受那個人。所以，就連那人的謊言，以及他不得不說謊的理由，我也會全盤接受。

不管對象是工作伙伴還是朋友，如果把接受對方當作主要枝幹，那謊言不過是枝葉，只是瞬間閃過的尾巴。

比如說在聽下屬報告時，

聽出了其中的謊言。這時如果出聲叱喝「這怎麼可能！沒有事可以躲過我的法眼」，只是耽誤了正事。與其發脾氣，我覺得不如接受對方的謊言，轉而去想接下來要如何進行，或去思考釐清問題本身的方法。

與家人和戀人相處也是一樣，如果一開始就質疑不斷，戳破謊言責難對方，那彼此的關係便無法深入，只能原地踏步。特別是私生活，由於對方是自己重要的人，選擇接受他們的謊言，自己也會比較輕鬆。與其說是原諒對方，我想更貼切的說法是讓事情簡單過去，然後遺忘。我並不是指要做到「故意上當」的地步，只是我覺得體貼對方的處境，選擇不去在意，也是一種愛的表現。

○請去思考戳破謊言和為對方留餘地，那件事比較重要。

○請去想像謊言背後的理由，如果能有這份心，自然能夠體貼對方。

不過是讓百步

有句俗話說「讓你一百步……」，不過是一百步，要讓我隨時都可以。畢竟又不是要退到世界盡頭那麼遠，百步不過只是短短的距離。

以前，我曾把這件事寫成隨筆，當時雖然被當成笑話，不過直到現在，我還是抱持同樣的想法。

當然，以前我也有過一段怎麼都不肯退讓的時期。

人是討厭認輸的生物，不過有些意見不合，就忍不住否定對手，想駁倒對手。雖不至於大打出手，但口水戰打得沒完沒了。

你那麼說我就這麼回，吵得喋喋不休，結果結論還沒出來，雙方就戰得筋疲力竭——像這樣爭吵，未免太愚蠢了。

於是，我在心底立下一個原則，那就是：不與人爭戰。在那之後如果只是百步，我想都不想就能讓步，而這未必是壞事。

要做到不與人爭戰，最重要的是要仔細聽對方說話。先請對方發言，讓他暢所欲言，就算他表示「無話可說了」，還是請他繼續說明，期間自己則專心聆聽。

聽著聽著，不禁會開始覺得「嗯，他的意見雖然跟我不同，不過也有道理……」就算依舊無法認同，也能具體理解對方是依據什麼理由來發言的。

自從我立下不與人爭戰的原則以來，即使是與人意見相左的時候，也不再一味否定對方「你想錯了吧」。如果只是小事，當場就能退讓。

儘管如此，我並不是要你抹殺自己、改變自己的主張。先傾聽對方的想法，說聲「你先請」禮讓對方之後，你就能依據自己的步調，悠哉地走自己的路了。

○不用在一個地方固執己見，能夠宣揚自我主張的機會多得是。

○不與人爭戰，也就不會輸。這也是事實。

對閒言閒語深呼吸

我剛當上《生活手帖》雜誌的總編輯時，每天都會收到信。

「內容一點也不像我喜歡的《生活手帖》了！」

「還我以前的《生活手帖》來！」

一天之內會收到好幾封不滿雜誌改版的抗議信。三天兩頭收到這種信，心情多少會受到影響，可是身為雜誌總編輯，我必須接受這些意見，並且去思考要如何對應這些聲音。

過去我從不曾隸屬於組織，始終一個人工作。負面評價與反對聲浪、謠言和中傷，對我而言，早已是家常便飯。

甚至曾發生交情不錯的朋友在背地說「松浦那傢伙不行」之類的事，對於中傷我已經習以為常，不以為意了。假使「COW BOOKS」所在的中目黑地區的半徑一公尺以內，「喜歡松浦彌太郎的人」有一百個，那麼「痛恨松浦彌太郎的人」大約也有一百個吧。

要站在前線做事，自然有人支持有人反對。反倒是逆風強的時候，我更有自己在前進的真實感。

最教人灰心的，是好的聲音壞的聲音都聽不見，讀者沒反應、毫不關心。從這層意義看，那些對《生活手帖》當面提出抗議的反對聲浪，甚至稱得上是教人開心的消息。實際上，就任到現在的這兩年，回信給抗議的讀者一直是我的工作，也是我的功課。

遭人否定，代表有人正在關注你，而這正是開始的機會。不限公事，日常生活也一樣，我就是以這種心態來調適。

如果你十分在意別人的中傷或閒言閒語，不妨這麼想吧。

第一，別人並沒有你以為的這麼在意你，並不會二十四小時都在想你的事。你以為「現在，那人一定在說我的壞話吧」，其實那人早就忘了你的事，現在搞不好在約會呢。

第二，負面的聲音容易聽見，但正面的評價往往隱晦，不容易聽聞。如果批評與中傷你的工作表現或行事風格的人有十個，那在背地讚許你的工作表現，欣賞你的人也會有十個。只不過他們沒有說出來，而你沒發現到罷了。

如果以上兩個方法仍是無法平復你的心情，那我來告訴你一個祕密武器吧。那就是深呼吸。

方法很簡單，但效力十分靈驗。只要深呼吸，不可思議地心就會安定下來，人變得冷靜。

過度在意他人眼光時，呼吸也會變得淺薄。下次當你被一些冷靜下來後不過覺得是小事的問題影響，一時反應過度、情緒激動時，就試著深呼吸吧。

深呼吸不僅能讓你忘記蜚短流長和中傷，在討論大事的關鍵時刻，或者想喘一口氣的時候，也能派上用場。只要你深呼吸的次數，多過在意他人眼光的次數，我想那天一定會過得自在適意吧。

○察覺心不平靜時，就試著端正姿勢，來個大大的深呼吸吧。

○吸進好氣，吐掉壞氣。深呼吸是轉換心情最簡單的方法。

獨處是種奢侈

基本上，我會盡力在早上完成工作。事務工作和會議排在早上進行，午餐則盡可能和同事一起吃，那之後一直到回家的時間，原則上我都是一個人度過；一個人處理公司的事。

有時候因為受限於採訪和攝影工作，無法盡如己願，但我還是會盡可能確保獨處的時間。而一個人獨處，並不是指丟下一切躲起來，而是要回到最純粹的自己。

不管是誰，在生活中都扮演著某種角色。在公司裡的自己，在家庭裡的自己，為人家長的自己，為人子女的自己。我也扮演著總編輯、二手書店經營者、父親等角色，可是有時候我會希望當回最純粹的自己，而不是為了某人而活。

如果能有一段短暫時間，可以赤裸裸地當回什麼也不是的自己，人就有機會找回自我，喘一口氣。並自此獲取與人認真交往的力量，能夠盡全力與人交流。我一直認為，如果沒有一個人的時間，不管是總編輯、父親或是任何角色，我都無法勝任。

身處社會，我們每天都置身在各種事物之間，永無止境地受到影響。追求變化和成長的同時，有時候會變得一點都不像自己，感到不對勁。像這種時候，只要試著獨處找回自己，就不會覺得只是在隨波逐流，而是以自己獨到的泳姿在前進，發生正面的變化。

要獲得獨處的機會，關鍵在於你也要給身邊的人獨處的時間。因為要確保一個人的時間，周圍的協助不可或缺。

儘管不能明目張膽地說，但我小聲地告訴下屬「如果實在不想進公司，不來也沒關係」。只要自己能掌控工作進度，下午可以藉口拜訪客戶離開，或者找適當的理由打電話請假。畢竟，人是活生生的血肉，並不是機器齒輪。

我的妻子晚飯後會讀讀書或看看電視，習慣一個人度過；一個月也會找兩天自己去旅行。我清楚擁有一個人的時間對她很重要，所以並不會干涉，也會擔起照顧女兒的負任。

因為我之所以能擁有獨處的時間，都是有賴同事和家人配合。沒有他們的協助，我是絕對辦不到的。

認可彼此有獨處的時間，理解獨處的好處，相處的時間則好好溝通。彼此的關係既為理解者，亦為協力者。我想和重要的人建立這樣的交往模式。

我曾經出去旅行一個星期，期間沒有和任何人聯絡，切斷與外界的所有連繫。我之所以能這麼做，不是因為任性，而是我周圍的人理解並接受這件事。

不管是結婚，或是歸屬於某個團體，人只要忘了一個人的時間，往往就會變得依賴。一旦依存著什麼而生，人就會喪失自我。

所以，時間短暫也沒關係，排出獨處的時間吧。而且這麼做之時也不要忘了重要的事，肯定地對身邊的人說「你可以找時間獨處」吧。

○有獨處的時間，你才能仔細吟味與人共處的時光。

○咖啡店也好，公園也好，事先找好幾個自己能夠獨處的地點吧。

CHAPTER THREE

3

圓融人生的香料

要懂得生活的智慧與樂趣

香味的功用

我的「記憶關鍵字」，就是味道。

或許是事情發生當下常伴隨著味道，所以味道常常成為我回想起某件事的關鍵。

我對氣味很敏感，所以想調劑心情時也常利用香味。香味，便是我用來調整自己的工具。

芳香精油是我生活的必需品，我最喜歡味道清涼的迷迭香，也喜歡同屬性的尤加利；比較累的時候，則會使用胡椒薄荷（peppermint）或洋薄荷（spearmint）之類的薄荷調。如果是女性，我想應該會喜歡薰衣草、玫瑰、橙花之類香甜迷人的味道。

Aromatherapy，在法語中是「芳香療法」的意思。精油的使用途徑很多，可做香氛焚燒、保養皮膚、防蟲等，效用多多。我平時會在房間使用擴香器，搭飛機時也會點幾滴精油在口罩上，既能放鬆心情，也有保濕和預防感冒之效。

香味，存在於生活中的各種場景。

我想大家都有過經驗，踏進花店，被馥郁的花香包圍的瞬間，心情立即變得平靜；房間只要裝飾一朵小花，氣氛就變得舒適宜人。秋天草木的香味、剛煮好的米飯香，以及雨後道路的味道等，瀰漫在生活中的各種香味，使人們的生活更加豐富。

不管食物再營養，如果沒有香味，就一點也不感覺好吃。香草茶或咖啡如果除去了香味，就變成了另一種食物。

人生也一樣，絕不能輕忽那些能變成香味的事物

如果說人生目標、工作與夢想，愛、信任和伴侶，是人生的滋味和養分，那麼嗜好與學習就像生活的香氣＝韻味吧。

小王子說「真正重要的東西，是眼睛看不見的」，我認為香味正是一種看不見的寶物。

○請思考你人生的香味是什麼＝可以增添生活韻味的事物。
○那便是眼睛看不見卻可以豐富人生的寶物。

「不知道」的箱子

不知道的事，就說不知道。

這毫無疑問是人生最好的智慧。

不要不懂裝懂，不要含糊其辭，如果不知道，就老實說「不知道」。

因為承認自己「不知道」，就得到學習的機會。

說出「請指點迷津」，請教他人，絕不是什麼可恥的事。

就算對方沒有全教會你，你只習得部分的知識，那也沒關係。因為你可以利用那些知識的碎片做為契機，靠一己之力進一步學習。

除此之外，在表明不知道的同時，不放過那些疑問也是很重要的事。

我在《生活手帖》編輯部的辦公桌抽屜，準備了一個箱子。使用方法非常簡單。

在閱讀書本或報紙時，或者與人談話時，我們一天之中常會遇到幾個陌生的字眼。

有時候當場請教就能得到解答，不過在工作上有些場合並不方便發問。

「不好意思，這方面我不大懂，可以麻煩你簡單說明嗎？」有時候你可以直接發問，但像是多人參加的會議，就很難開口。如果會打斷其他人的工作，也最好避免。再說，有些問題是自己調查一下就能知曉的事，一一請教會造成對方的困擾。

遇到這種時候，我會把疑問寫在紙上，然後把那一小塊撕下，放進抽屜裡的箱子。像是遇到不知道讀音的字，或是在報紙上看到不懂的字眼，「『視為有效利息之債務清償』？那是什麼意思？」我便會一一記下問題，把小紙條放進箱中。

然後，一個月大約一次，等工作告一段落時，再好整以暇地把箱子打開。如果一天一張，大約也有三十張左右，數量很可觀。

不必用到潘朵拉的盒子，「不知道的箱子」便可顯示出自己哪些事不清楚，什麼是自己不擅長的領域。

拿我來說，我就因此覺知到，「啊啊，箱子裡有好多關於經濟用語的問題，看來這方面是我的弱點」。

當然，重頭戲現在才開始，接下來你可以利用網路查詢，可以找書閱讀。「什麼嘛，『視為有效利息之債務清償』意外很好懂嘛」。有些問題簡單就能得到解答，但有時也可能引發更多疑問，使你產生進一步學習的欲望。這下就開始了貨真價實的獨學，教人興味盎然。

過些時候，甚至還動了念頭，「等我五十歲就去上大學吧。我想有系統性地學習經濟方面的事，念經濟系應該不錯」，世界因此一步步地拓展開來。

這並不是小學生的作業，沒有解開所有問題的必要，就算一年開箱一次也沒有關係。

總而言之，「不知道的箱子」裡頭的，便是開發你新的可能的種子。

○在手邊能找到的紙張隨意記下你的疑問，全都放進箱子吧。

○「不知道的箱子」是用來了解自己的工具。

散發樹木香氣的地圖

如果要你指示從最近的車站到你家的路線，你會怎麼說明呢？

「出了驗票口，在車站前的銀行左轉，接著直走，在第三個紅綠燈右轉，然後你會看到一間便利商店，那棟大樓隔壁的咖啡色公寓就是了。」

大部分的人應該都會像這樣說明吧。的確，這樣的指示簡單易懂，不過我總覺得缺少了什麼。

這種時候，不如利用花木在心裡畫一張地圖吧。

先仔細觀察平日看慣的風景，然後從中精心挑選出幾個自然景物，像是行道樹、陌生人家陽台種的花等等，依此畫出一張散發樹木香氣的地圖。

「沿著夾道的櫻花樹直走會看到一座小小的花壇，在那裡右轉。」

「那裡有棵高大的普提樹，以那做地標。」

如果能如此幫人帶路，我想一定很棒。

生活中時常會經過的路，大部分的人都沒有興致多看一眼，總是無意識地便走過去。不過，只要去意識「自然」，細心地付出關心，一定可以發現能用來做地標的樹木。就算居家環境被柏油路包圍，但土壤就在柏油底下，即便外觀不一樣了，我們依舊生活在自然之上。

因此，我想知道住家附近有什麼樣的土地、有什麼種類的植物生長，然後盡可能花心思與自然和平共處。

發現自然，繪製一張散發樹木香氣的地圖，只要這麼做，你就能與豐富的人生更貼近一步。

找個有空閒的下午出去散步，畫下你的新地圖吧。

○如果發現花草照顧得特別美麗的住家，就悄悄記下當作自家的範本吧。

○如果有一棵自己喜歡的樹，尋常的林蔭道也能變成特別的場所。

歷史上的小事情

研究歷史，對我而言是莫大的樂趣。

不過我的意思，可不是光背背年號。舉例來說，像是探尋馬其頓王國的亞歷山大大帝打造夢幻圖書館的壯闊歷史、小堀遠川是如何自爭戰不斷的德川幕府時代死裡逃生……調查這些史事，對我而言是最高級的享受。

人生在世，一定會遇到未知的事，以及各種試煉和煩惱。像這種時候，歷史便可以助我們一臂之力。因為世事總是反覆輪迴，一再上演，從先人身上我們可以學到很多。

「咦？那個時代也發生了類似的事呢。那麼，當時的人是如何去克服的？他們是怎麼想的？」

每每回顧歷史，意外常有這種感受，真是不可思議。

除此之外，研究與自己切身相關的歷史上的小事，也樂趣不減。

就拿「COW BOOKS」所在的中目黑地區來說。

沿岸種有櫻花樹的目黑川，是本地區的象徵。河水流經市中心，河畔綠意盎然，水流平穩。然而，其實在距今不久的江戶時代，沿岸還未興建堤岸工程，河水時常氾濫釀成水患。一直要到一九八〇年代，展開大型的護岸工程之後，才演變成今日平穩的潺潺小溪。

中目黑後來因此再度開發，開了許多新潮的店，大型超市也應運而生。聽說昔日車站對面還有座小丘，上頭有一座牧場。

歷史再往前追溯，據傳從與目黑川並行的山手通，一直到下游的青山通一帶，從前是一片汪洋。出土的化石中，竟曾發現鯨魚的骨骼。

昔日的大海，現在變成了河川；原本是牧場的山頭，如今公寓大廈座落。遙想著這些過去，任思緒奔馳，實在再有趣不過了。既能成就一場小小的探究，也能感覺自己與所在地區之間的連繫，並得到歸屬感。

誇張一點，甚至還可以告訴別人：「我家的公寓，以前曾住了一頭鯨魚呢！」如果有機會這麼做，不是很好玩嗎？

探究悠長的歷史，是我打算窮盡一生鑽研的興趣。為此閱讀大量的書籍，花點心力，都是我的喜悅。

如果你只是想調查城市的歷史，倒是有更簡單的做法。圖書館裡有相當齊全的鄉土史書籍，各地的區公所和市政府也能找得到相關資料。

那些過往，事件雖小但連綿不斷。你要不要也試著從中挖掘出與自己切身的那一小部分呢？

○調查一下自己居住土地的歷史，比較看看不久之前與遥遠的過去有何變遷吧。
○可以將從歷史中學習到的先人智慧，當作解決問題的線索。

輕鬆寫信

我在「COW BOOKS」附近的代官山，遇到一個熟人。

由於我當時有事在身，對方也在趕時間，雙方只是匆匆打了照面。還沒好好聊一聊，便錯身而過。

兩人似乎都有話要說，至少我很想問候一聲，打聽對方最近過得好不好。於是，我寫了一張明信片。

「那天趕著辦事，不能好好聊聊，真對不起。不過能見到面，我很高興。」

這種事或許打通電話或寫封電子郵件就可以了，不過我總覺得親手寫下的文字比較能夠傳達心意。

也許有些人會覺得，「這種小事，何必特地寫信」。不過，我時不時會捎封短信給親友。

如果堅持信要寫得講究、端正，寫信就成了一件麻煩的事。

我覺得與其如此，不如把想到的事短短寫成一行，然後盡可能多寄幾封。

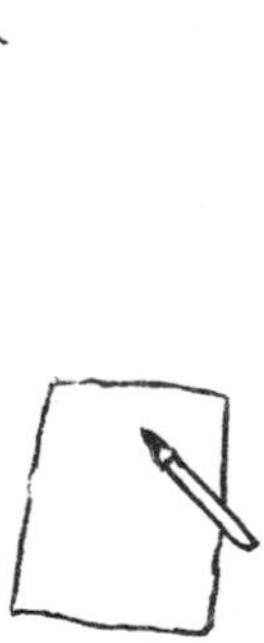

曾經在《生活手帖》雜誌介紹過，我很喜歡野口英世*博士母親的家書。

不識字的野口鹿女士請人教她寫字，拿起筆，寫信給遠赴美國研究醫學的兒子，一心期盼他早來歸來。

快回來啊。
快回來啊。
為娘的這輩子唯一的懇求。
朝西邊，拜一拜。
朝東邊，拜了拜。
朝北邊，我拜拜。
朝南邊，我拜拜。

即便文章不通順，用法有誤、字句有缺漏，可是阿鹿女士的心情痛切地傳達出來。斷斷續續的字句，墨色的濃淡，字裡行間為文者的心意自然流露。信，本來不就應該是這種東西嗎？

* 譯註：一八七六－一九二八，日本細菌學家，擁有「醫聖」美譽。二〇〇四年起，取代文學家夏目漱石，肖像被印製在日本新版千圓紙幣上。

我雖然以搖筆桿為業，不過寫信時我不會像寫文章那般慎重。季節的招呼語用得生硬，字句不講究，內容也沒有脈絡。有時不過是支離破碎的文字，就像寫便條一樣隨意。

即便如此，我還是深信書信能夠傳達心意，更何況，我自己最喜歡收到信了。那些以年分區分裝箱收藏的書信，是我的寶物。

某人的生日、突然閃過念頭的時候、很久沒聯絡的時候，就寫信代替問候。

如果每天都寫一封信，大約每隔兩天可以收到一封回信；如果出去旅行也不忘寫信，還能收到來自其他國家、在旅途認識的朋友的來信。

就算是公事也一樣，去除直接見面不說，我喜歡打電話勝過電子郵件，喜歡寫信勝過打電話；這便是我與人溝通的基本模式。

信件翩翩，輕鬆往來，這樣的世界該有多美好。

○如果在美術館的販售部看到了喜歡的明信片，就買下來夾在記事本裡備用吧。

○如果在旅行目的地的郵局買到當地限定的紀念郵票，立刻就寄張明信片吧。

閱讀旅行

只要花上五分鐘，就能出門旅行。我一直是以這種心態來進行閱讀。旅行和閱讀，或許是同樣的事情。

覺得「自己的心空間逐漸減少」的時候，我會出門旅行。基於類似的心情，想要稍微改變一下心情的時候，我會選擇閱讀。

不管是旅行的途中，還是閱讀的時候，人都是脫離現實沉浸在孤獨中，就算只有短暫的瞬間，可以處在全然獨處的狀態。

只不過去旅行需要做行前準備，也需要換洗衣物，相較之下，閱讀旅行實在輕便多了。只需翻開書頁，就能一腳踏入目的地，而且無須搭飛機，只要花上幾分鐘就能回歸日常。

我因為經營二手書店，寫文章，擔任編輯，很多人都對我說「你一定對書很熟悉，讀過很多書吧」，這其實是誤解。

讀書量遠比我多的人比比皆是，而且那些人腦中積蓄的龐大學識也是我完全無法匹敵的。

至於我，常常才讀完書就連故事大綱都忘了。讀完書的感想以及書中的內容，對我來說並不是那麼重要，因為我覺得讀書的樂趣在於「閱讀當下的時間」。

在我的認知裡，「為了獲得知識而翻開書本，不是閱讀，而是念書。」

所以，請試著以更輕鬆的心情來閱讀書本吧。

不必立下雄心壯志，「我一天要讀完一本書」、「我一定要讀完〇〇本書！」，與書的交往其實可以更自由的。

請大家務必也體驗看看這一種小旅行。

○喜歡的書，請試著多讀幾遍。每次重讀一定會有新的發現。

○請試著把一本書當成一個人，如此看待便能發覺新的閱讀角度。

親身經歷的筆記

實際接觸實物，是一種幫助你看清事物本質的訓練。

所以，出去旅行吧。上美術館去吧。去和人見面吧。

踏出家門，用雙眼去看看世界。花一些時間，行萬里路。

時時保持去「親眼目睹實物」的意識，是非常重要的事。

誠然，不管是遙遠異國的沙漠盡頭，還是世界名畫，都可以在電視上看到。再說現在只要利用網路，什麼都檢索得到。

媒體的發達使人即使不曾接觸過實物，依舊可以獲得相關知識，但那些內容說到底不過是簡介。只是大略的輪廓，虛幻的縮影。「我很忙，只要知道個大概就行了」，像這種速食發想，既貧乏，又教人失落。

我並不是在否定網路。我對這個新媒體也保持著興趣，甚至還想利用這個載體做些什麼事，並當作必要的工具利用。

不過在此同時，我也銘記在心：網路不過是一個管道，不能當成主要的資訊來源。因為網路實在是太方便、太好用了，往往一不小心，「所有資訊都是從網路獲得的」。一想到自己可能在不知不覺間過度依賴網路，我就害怕。

如果不接觸實物，外部學習全仰賴速食知識，自己的感覺機能也會開始一點一點鈍化。

此外，如果是網路，記錄資料時只需要咔咔地操作幾下滑鼠，就可以輕鬆複製畫面，這也令我有些心驚。

因此，我的皮包裡總是備妥記事本和鉛筆，以便能在看到實物的當下、聽到某句話的瞬間，隨時都能用筆記下。如果是重要的事就不會忘記，這句話並不屬實，直接的感想和閃過的靈光如果不用筆記下來，沒多久就會散落。

親眼目睹，然後用自己的手記下，多收集一些「親身經歷的筆記」，因為那會比任何網站都來得可靠，成為你的資料庫。

○網路訊息常見謬誤，請先具備這個認知。

○請在包包裡常備喜歡的記事本和筆。

輕柔的舉措

把杯子擱在餐桌，關上門，摁電梯按鍵。

這幾個再尋常不過的動作，有人做起來優美，有人做起來卻顯得粗魯。

再舉個例子，放下電話聽筒時，不要咔擦一聲地重重放下，而是等到確認對方已經掛斷了，再緩慢地輕聲放下聽筒。因為這種輕柔和緩的舉止，可以催生出美。

具備良好的電話禮儀的人並不少，那麼生活中的每一個行動，何不都以同樣文雅的舉措來完成。

畢竟，被人重重地放下杯子，任誰都不會覺得愉快；相反地，看到杯子和緩地、輕柔地被放在面前，則感覺備受禮遇。

我偶爾會在車站觀察人群，研究主題是人在通過驗票口的時候，會如何出示悠遊卡。

我發現有的人是使勁敲擊，有的人只是輕輕觸碰一下。機器機能優良，其實不管以哪種方式都感應得到，但乘客的舉止因人而異，而且還反應出那人的性格，教我看了大為驚奇。

那些通過驗票口會猛敲車票夾、弄出巨聲的乘客，上車後常常一屁股就重重坐在空位，座椅的震動驚嚇到隔壁乘客，引人側目；有些女乘客看似嫻靜，但舉止卻粗魯不堪，也教人看了難過。

所謂禮節，也就是面對世間的禮儀成規。雖然沒必要做到心口不一過分慇懃的地步，至少也要在心中對鄰座乘客說聲「不好意思」，敬重地坐下。只要這麼做，不管是男性或女性，看上去都會優雅許多。

禮節和規矩不該是受制於人的事，應該由自己來制定。譬如說法律並沒有禁止在電車上嚼食口香糖，但你並沒有那麼做，因為你覺得自己「都是大人了，還在人前嚼口香糖嚼得咂咂作響，太難看了」，於是選擇自律。

除此之外，人的舉止透露出來的不只是修養，還能反映出那個人的心。因為人會無意識地做出粗魯的行徑，往往是在身體疲勞、精神焦躁的時候。

其次，觀察的對象也不限世人，我反倒是時常仔細觀察自己。

在險些被工作和思緒壓垮的夜晚，我注意到自己竟敲打著公寓的電梯按鍵，趕緊喃喃地制止自己：「不行這樣、不行這樣。」

把自己的舉止是否文雅，也列入自我檢查的指標吧。如果發現自己舉止變得粗魯，就溫柔地引導自己回復正軌吧。

在人前人後都做到彬彬有禮，是極為困難的事，但這也是件美麗至極的事。如果每一個人的舉止都能彬彬有禮，或許根本就不需要公共規範的存在。

○敲電腦鍵盤時、開關門時、在房間裡走動時，都請放輕力道。

○沉靜與優雅做為修養，彼此息息相關。

雙臂交抱是大忌

不過是一個小動作，就可以改變一個人的印象。

只要重新審視自己融入日常生活的習慣動作，不同的世界就會為你開展。

最近我注意到的，就是「雙臂交抱」。

雙臂交叉抱在胸前，其實也象徵了自己的精神狀態，代表自己的心正處於封閉狀態。對眼前的對象，對自己以外的世界，關上心防。如果每天都擺出這種姿態，不久一定會開始覺得「不可能有什麼好事發生的」。

另外，與抱著胳臂一樣，蹺腳的習慣最好也改正過來。因為看起來傲慢，一副高高在上的樣子，對在場的人是很失禮的事。

在人前抱著胳臂和蹺腳，都是很要不得的行為。在討論重要大事的時候，如果有人擺出這樣的姿勢，就算他的遣詞用字再有禮貌，都同樣失禮。因為這是最基本的談話禮儀。

其次，蹺腳是種裝腔作勢的舉動，而矯揉造作，是一種不正直的表現。更重要的，蹺腳還是造成骨盤移位的原因之一。

「不過，一個人的時候要抱胳臂還是蹺腳，都是個人自由吧？」或許有人這麼認為，但是同樣不應該那麼做。

為什麼？因為一個人私底下的態度代表了他的本性。如果獨處的時候擺出高慢的姿態，就連你的存在本身也會變得高慢。

從前我也會不知不覺就抱起胳臂，蹺起腳來。不過，有一天，我驚然發現這些動作的可怕之處，在那之後我便時時留心，戒掉那些小動作。

剛開始的時候，我覺得渾身不自在，靜不下心來。

不過忍耐一段時間之後，我總算如願擺脫無意識雙臂抱胸的壞習慣，現在甚至就連想蹺個腳都做不好了。

○如果你有子女，請做為教養的一項，禁止孩子雙臂交抱或蹺腳吧。

○聽人說話時不將雙臂抱在胸前，對方的話才能直接傳達到你心裡。

愛護你的手腳

「手髒的人，不可信任。」

這句話或許有些以偏概全。不過我常覺得，手髒了卻還不以為意，是一件很粗野的事。

手在身體裡肩負與人互動的任務，負責執行「摸」這個動作。手會觸摸到食物、交給客人的商品、其他人的手和臉頰，自然是愈乾淨愈好。

而且，問題不在實際上有沒有觸碰到。如果引起別人有一絲「不想讓那雙手碰」的感受，我一定會嫌惡自己，甚至覺得就連不會說話的動物、書本或水果，都在散發「不想讓那雙手碰」的訊息。

如果站在對方的立場著想，去想像，你應該就可以了解保養容易被人看見的雙手這件事有多重要。

此外，不只有汙穢、不乾淨，才會被視為「骯髒」。傷痕遍布、被啃得坑坑疤疤的指甲、肌膚乾裂，也會給人「骯髒」的印象。「骯髒」就是指沒有受到妥善的照顧。就算因為工作需要會傷到手，只要保養得當，手就能回復美麗。所以，請時時不忘仔細洗淨雙手，修剪指甲、抹上護手霜，好好保養它們吧。

愛惜手，就是在愛惜自己的身體。留心健康，如字面所示地「動手」去保養。同樣的意思，就像保養手那樣，也不要忘了保持腳的清潔。即使是眼睛看不見的地方也打理乾淨，這份用心能為我們打造出仔細的生活和人生。

另外，從男性的角度來看，有時看到打扮入時、臉上彩妝美麗的女性，腳跟卻乾燥脫皮，總不免感到失望。

當然，不管是男性女性，都應該重視自己的身體。

不重視身體和健康——攸關性命之事——的人，不可信任。開頭那句話如果這麼說，或許就不至於太過偏頗。

○得了感冒晚上不能泡澡的時候，如果洗淨手腳再休息，身體會輕鬆許多。

○如果擁有一雙保養得當的手，不管是男性或女性，都能擁有自信。

生活中的減法

有東西增加，就減少點東西。

這個簡單的方法，就是用心過生活的祕訣。

如果入手一個新東西，就丟掉屋裡的一個舊東西。這麼一來，你便能永遠過著保有空間的生活。

「擁有一個東西、培養一項興趣，都必須抱持著跟談戀愛一樣的心態。」

聽到我這麼說，有人不以為然地笑了。儘管如此，我還是希望「如果有新歡，就和現在的情人分手」這種真摯的態度，能應用到生活中的大小事上頭。與其和複數的情人進行浮淺的交往，不如將自己的心獻給一個人。這樣的心意，不管是對人，還是對物、對興趣，可說都是一樣的。

因為，如果擁有的事物有一定的限額，就能把每一個都當作寶物來珍惜。

所以當我開始學吉他，就把一直以來很喜歡的腳踏車給賣了。雖然常有人說「與趣是多多益善」，但並不代表這就是普世的通則。

實際試試看之後，我發現如果不把自己逼到極限，自己的體內就有容納新事物的空間。物品和興趣雖然不會說話，但只要你真心以待，一定也會有所回饋。

此外，從自己目前的狀態進行減法，也是增加生活空間的方法。

就拿乾洗做例子。

有一天，我突然想起自己曾經中斷每季添購新衣的習慣。將近有一年的時間，我幾乎什麼都沒買，只穿舊衣過日子，結果非但沒有造成不便，反倒覺得輕鬆自在。

在那之後，除非必要，否則我不買衣服。而且我還下定決心「不買需要乾洗的衣服」。這麼一來，我的生活就減去了「乾洗」這個要素。

考慮到環保問題，堅持購買有機棉的衣物或許是好事。不過如果需要拿衣服去送洗，反倒會使用上許多藥品，而且還浪費電。

只買可以自己手洗的衣物，願意花時間動手整燙，我想這應該才是真正地在守護自然吧。

每天都檢查自己的生活，試著進行生活中的減法吧。

很多人也提倡過，電視是個應該減去的家電。畢竟新聞可以從報紙上知道，靠著看電視得來的心情調劑和趣味，我相信一定也可以靠你自己的力量獲得。

有東西增加，就減少點東西。沒有東西增加，也減少點東西。

如果自己的心保持通風良好，腳步也會變得輕盈起來。

○不只是房間，你的心是否也被不必要的東西給占據了呢？

○與其追逐流行，不如買一件品質佳能夠穿上很久的衣服吧，你覺得如何？

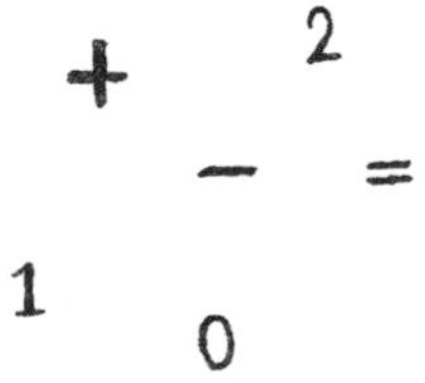

治療「不夠的病」

有兩句話，我無論如何都不想說出口。
那就是「沒錢」和「沒時間」。
「我想培養興趣，可是我沒錢，而且我很忙，根本沒那個時間」，或許你的朋友裡就有人曾這麼說。
沒錢買菜、學習、出去旅行。
沒時間做菜、休息、學習。
我覺得能夠若無其事說出這種話的人，根本早就放棄維持健全的身心。
因為如果跟尋常人一樣工作、跟尋常人一樣生活，卻「沒錢也沒時間」，那只能解釋成他得了一種病，病名就叫「不夠的病」。
當然，除非是遇上突如其來的意外和急病，家人發生意外，「因為花了大筆急用金，所以沒錢；因為要看護病人，所以沒時間」，那還可以理解。

可是，如果是像尋常人一樣生活卻沒錢也沒時間，那狀況就不一樣了。均衡的飲食、抒解壓力、學習，要做到以上幾件事，並不需要花上龐大的金錢和時間，只需要一點餘錢和一點時間，我認為如果處在健全的狀態，一定可以籌措出那些金錢和時間。

可以說「沒錢」的，只有還沒有工作的學生。有資格說「沒時間」的，只有因為特殊理由而進退兩難的人。

只要你是貢獻社會的一員，「沒錢、沒時間」這幾句話就絕不能說出口。

倘若，你腦中閃過一絲這樣的念頭，那就是你檢視自己狀態的好機會，去確認自己是不是生了「不夠的病」。就像感冒時會重新檢討生活和飲食習慣，一旦你覺得「不夠了」，就去了解原因。只要你能找出病因，一定能夠痊癒。「不夠的病」並非是不治之症。

○說「不夠」就像是把過錯推給他人，是種可怕的行為。
○只要把「不夠」一詞列入禁句，就能看見新的解決之道。

金錢種子

錢這種東西，是會愈用愈多的。

「這個月花了不少錢」，對我來說，這是一件值得高興的事。

不過我並不是指像投資客那樣運用資產，增加財富。

只要用錢，存摺的存款數字就一定會減少，可是對自己而言，那些換來的東西應該要比錢本身有價值許多。

換個說法，我不想再執著於沒有意義的儲蓄，而是希望能把錢用在讓自己更富裕數倍的事情上頭。這才叫真正的運用資產，是在種下金錢的種子。

當我還年輕，還在漫無目的四處流浪的時候，來往的幾個成人都告誡我：「你一定要學會怎麼花錢。」

我因此清楚知道，錢必須無時無刻不謹慎使用。

雖說最好盡量花錢，但如果只是為了滿足欲望，那就只是純粹的消費。

就像肚子餓的松鼠，狼吞虎嚥地吃光了葵花子（金錢），以致事情發展就到此為止。相反地，如果把那顆種子播種在肥沃的土地上，就會開出碩大的向日葵，而向日葵又會結出許多種子。

花了十幾萬圓去旅行，雖然沒留下什麼實質的紀念，可是如果你得到了經驗，增長了見聞，那就是一種培育金錢種子的投資。

買下高級的精美手錶，如果只是因為任性地「想要」，或是為了彌補某個無法達成的欲望造成的失落感，那就像是吃掉了金錢種子，只是一種是消費行為。

至於股票投資，那又是另一個問題，我並不感興趣；房租和電費則是排除在消費或投資行為之外的基本開銷；我想學習的，是運用資產來培育種子的方法。

「啊啊，真是失策！」雖然有時候也會犯錯，但這也是學習的一環。

要於午餐費要如何花用，也是一種運用資產的行為。如果買的是能夠滿足身心靈的食物，那就是投資；如果只是隨便買泡麵果腹，那就跟把錢丟在水溝裡沒兩樣。

○切記，儲蓄不是目的，而是一種手段。

○和把錢存在銀行比起來，把錢投資在對自己有價值的事物上，利息要高出許多。

自己的決算表

「對自己而言，什麼是重要的東西？」

我認為花錢就是一直在問自己這個問題。

價值觀因人而異。

就像有人就算花一千萬買稀有的進口車也不覺得貴，但要他花一千圓買本舊書，他卻覺得價錢高得不合理。有人買便利商店一個一百五十圓的飯糰覺得貴，可是卻願意為現採番茄付三百圓，還覺得買便宜了。

事情並沒有所謂的好與壞，只要是符合各人的價值觀。

只不過，重要的是，千萬不要滿不在乎地花錢。不管是一百圓或一百萬，完全不去想「這東西對自己而言到底有多少價值？」就打開錢包，是很危險的一件事。覺得「似乎還不錯」就買下一件衣服，根本就是無視與金錢交往的基本觀念。

其次，等到重新審視自己的價值觀，確立基本的金錢觀之後，每半年一次，確認自己的財務收支情形吧。

長久之來我都自己一個人開店，所以對帳務工作很熟悉。如果不定期確認收支情形，掌握財務狀況，店根本就經營不下去。

不過，確認收支狀況，其實對所有人都是必要的工作。為什麼？因為不管是上班族，還是家庭主婦，我們都是「自己」這間公司的經營者。如果不事先掌握自己的經濟狀況是「財務赤字，需要向人借貸」，還是「雖然賺不了大錢，但一直都有穩定收入」，就無法掌握人生。

「不過就這點小錢，應該沒關係吧」，像這樣憑感覺花錢；「真不行的話，再忍個一、兩個月吧」，像這樣憑感覺勒緊勒錢包，這麼做就猶如在過走鋼索的人生。

「自己現在的生活情況如何？房租多少？餐飲費呢？娛樂費和學費呢？」

像這樣定期進行檢查，而且每次都安心地確認自己「沒問題」，就代表你過著健康的生活。

○每半年決算一次自己的財務收支情形吧。

○能掌控金錢，就能掌控自己。

CHAPTER FOUR

4

平和的晚餐

每一個今天，都要過得很仔細

一天一次觸摸

珍惜物品，珍惜自己，就是在珍惜每一天的生活。

珍惜的方法，就是一天一次的觸摸。方法非常單純，但卻意義重大。

就像在「COW BOOKS」書店，每天我都會把店內的商品，包括擺設在店內的椅子的椅腳，全都摸上一回。

只要觸摸，就能清楚了解書本或桌椅的狀態。如果有灰塵就撣掉，有損傷就修理，還可以順便整理商品的排列順序。

就算觸摸後發現沒有異狀，但摸與不摸，結果截然不同。藉由觸摸，宛如注入了生命的氣息，物品看上去也變得神采奕奕。

反過來說，被人不屑一顧、被丟置不管的東西，不用多久便會失去生氣。

我的書本和衣服都不多，因為我知道自己每天能看顧的東西有限。從另一個角度思考，如果只擁有少數幾樣且經過精挑細選的物品，就有可能每天都摸上一回。

觸摸，也就是在檢查。

所以，自己的手腳和頭髮、身體的細部，也像觸摸物品般一天好好摸上一回吧。仔細檢查，去確認是否健康無恙。

如果一連好幾天都沒有時間摸摸自己重要的東西，也就是代表一連好幾天都一點一滴地輸掉了重要的東西。

摸一摸自己重要的東西，向它們打聲招呼吧。為了新的一天，今天也鄭重地道聲「晚安」。

○如果發現有些東西一年没碰過半次，就考慮把它們處理掉吧。

○晚上睡前幫腳掌塗上乳液，按摩一下。說一聲「今天真多謝了」。

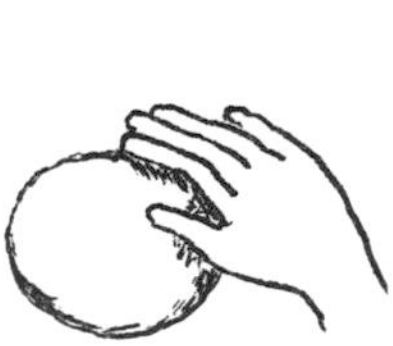

孤獨是基本條件

三人以上的集會，我便盡可能不參加。

派對之類的活動一概婉拒，接到喝酒約和飯局邀請，同樣是謝絕迴避。也就是說，我是個「非常不上道的人」。

我的體質對酒精過敏，也想遵循自己早睡早起的原則，所以晚上的時光我大都是和家人一起享用平和的晚餐，一個人閱讀、思考，然後平靜入睡，並沒有什麼特別的活動。

不過我不愛交際的最主要原因，其實是我原本就不善社交，要和一群人見面令我很頭疼。再說，我一直認為人活著的基本條件就是孤獨。

人生在世雖然免不了會與他人產生關聯，但不管是戀人還是家人，都不可能百分之百與自己完全契合，視為一體。人的想法決定了行動和生存方式，而思考這種東西是不可能和別人完全相同的。

感覺、感觸、思考、選擇、決定——這些形成人生本質的過程，本來就只能獨立完成。我認為必須勇敢地認清這個事實。

所以，我把孤獨當作基本條件接受。

我不會為了掩飾孤獨而與人會面或與朋友狂歡作樂。相反地，我一個人思考，一個人學習，期望盡可能朝自己目標的方向前進。

當然，儘管我再習慣獨處，孤獨也並非永遠都是我的夥伴。我也經常被寂寞、恐怖、不安等恐懼情緒俘擄。

特別是工作，那是一場與孤獨的戰爭。如果沒有以一人對抗百人，與世界對峙的覺悟，就不可能完成理想的作品。

有時候，即便是獨自蒙受眾人的批評與反對，也必須毫不退卻地抵擋下來。希望顧慮到每一個人的情緒，聽取所有人的意見，在氣氛溫馨的討論中做出好的企畫——在現實中，這是不可能的事。

所以我並不會像悲劇的男主角，陷在「我必須一個人努力，我是如此不幸」的情緒。而是認知到人本就孤獨，轉而去思考要如何去與孤獨共處。

這種態度不只是面對工作的時候，在生活中的各種場面都適用。

「你是如何看待寂寞和孤獨？」

這是一個可能大大左右人生的問題。

其次，我也時常問自己：「我還能夠獨處嗎？」

年輕時一個人在國外的生活，讓我知道與孤獨對峙的過程有多嚴苛，並從中學習到很重要的事。即使是一直到了現在，我仍是不斷告誡自己「要保有能夠獨處的堅強與勇敢」。

有時候，我會斬斷一切與他人的連繫，就算被當成「怪傢伙」遭朋友排擠，就算被批評「那傢伙太不上道，真難約」，全都坦然接受。不可思議的是，這麼做之後雙方之間反倒有機會進行真正的溝通。因為不好開口的事一般絕不會在酒席上提起，所以這下反倒有了能夠正面對話的機會。

依賴淡薄的表面關係而生，不是比一個人獨處更寂寞嗎？

因為寂寞所以想親近他人，這是依存，是依附對方的心而生。這樣的關係不可能孕育出信賴、愛與友情。更何況，成群結黨並不是可取的事。

出門旅行最好與人結伴同行，希望在熟悉的同伴包圍下，生活在「安心範圍」裡——你或許也抱著這種想法，但何不鼓起勇氣，毅然決毅地放手一試呢？

「這麼說一定會惹對方討厭，覺得我很煩人吧」，如果因為老是擔心著這些事，染上凡事都說「隨便」的壞習慣，就趕緊努力矯正過來吧。

接受孤獨，貫徹自己的意見和立場。

擁有不畏磨擦與風浪的堅強。

這樣的態度，能夠為我們守護平和的生活。唯有擁有在黑暗中也能一個人毅然決然行走的堅強，才能與擦身而過的他人構建深刻的關係。

○偶爾就豁出去一個人旅行吧，一定能看到不一樣的風景。

○試著減少一個可有可無的聚會吧，擁有拒絕的勇氣也很重要。

慢慢延燒的暖意

我小時候很容易發燒。因為扁桃腺經常發炎，幼時我動不動就感冒、喉嚨痛，時常得向學校請假。

這是發生在我小學二年級的事。那天我一如往常又發了高燒，在家中裹在棉被裡休息。

由於雙親都有工作，姊姊也有事出門，以致同學都在學校準備上課的時間，我一個人落了單。

空蕩蕩的家中本是早已看慣的風景，但此時竟顯得有些生疏，甚至有些可怕。打開電視看也不覺有趣，只覺得愈來愈無聊。但我又還在發燒，身體使不上力，也沒辦法爬出被窩找樂子。

就在無聊的空檔，我早已不陌生的寂寞和不安又趁機探出頭來。這下子，就算嘗試看書或做白日夢，也無法順利調適心情。

就在我一個人躺在床上時，玄關的門鈴響了。原來是級任導師來探望我了。

我穿著睡衣去應門，緊張的心情勝過了高興。

因為來的是全校最可怕的男老師。在教室裡，老師總是板著臉教人難以靠近，在校外看到的他感覺更是嚴肅可怕。

然而，就在那時，從老師身邊傳來鳥兒的叫聲。鳥叫聲的主人原來是隻綠繡眼。老師單手提著一只小小的鳥籠。

「松浦君，身體還好嗎？這隻鳥暫時寄在你這裡，等你身體好一點了，就看這張說明書幫我照顧牠吧。」

接過來的紙張上有老師有稜有角的字跡，詳細記載著要如何給飼料、給水，以及清理糞便的方法。原來老師是擔心不能去學校的學童一個人在家會覺得寂寞和無聊，特地帶著自己心愛的寵物來探病。

當時年紀還小的我看到綠繡眼來探病，簡直興奮極了，甚至連自己還在發燒都忘了。

綠繡眼十分小巧，羽毛就像鶯餅＊一樣呈黃綠色，有一圈白色眼環，體形圓滾滾的。平常時候啾咿啾咿地叫，不過在繁殖期時有時會拉長音調，變成「唧——啾咿

＊ 譯註：一種日式甜點，以糯米皮包紅豆餡，表面再撒上青豆粉。

唧——啾咿唧——」。

撐開羽翼的模樣也可愛極了，教我看得入迷，怎麼看都不厭倦。

明明看電視覺得無聊，但觀察綠繡眼卻對年幼的我有一種莫名的吸引力。等到身體好了一點，我便仔細照料牠，還為牠畫下了圖畫。

不久等我退了燒，能夠去上學，我便把畫送給老師。當天傍晚，綠繡眼就被帶回了老師家。

即便沒說什麼慰問的話，但老師把自己心愛的寵物鳥帶來探病，還留下牠陪伴我。那份溫情，直至今日依然一點一點地替我的心帶來暖意。雖然已經是三十多年前的事，但綠繡眼糞便的味道、圓圓的眼瞳，至今依然教我難忘。

人對於討厭的記憶意外地容易遺忘，可是受到的親切對待以及溫柔記憶，卻始終不會褪色。不過，與其將這份溫情原原本本地回報給老師，我更想像老師那樣親切地對待其他人。

就讓這份溫柔與真心在生活中循環。日復一日，我持續這麼做。

如果大家願意這麼做，就算不靠金錢與得天獨厚的環境，一定也能以其他的方法找到幸福。體貼與親切，在從前是理所當然的情感，但是對現代人或許成了必須努力才能收復的東西。

聽說有個大富豪在借錢給一個窮學生時這麼說了：

「你不用還錢給我，等你出了社會，有能力借錢給別人時，再把那些錢借給需要幫助的人。」

他的這番話說得實在太好了不是嗎？

數十年過去了，我在同學會上與老師再會，並鄭重地為了綠繡眼的事道謝。我告訴他當時自己有多高興，得到了多大的安慰。結果老師對我這麼說：

「那隻綠繡眼已經死去了，不過你小學畫的那張圖，現在還裱在畫框掛在我家牆上呢。」

又一次，我的心接收到了溫暖的禮物。

○受到親切的對待不必報答對方，你可以將那份恩情回報在其他人身上。
○真正的親切是不求回報的，是站在對方的立場，真心為對方著想。

做選擇的訓練

點菜在瞬間決定，東西要買與否當下定奪。

剛認識我的人，常被我嚇一跳。

在餐廳點菜我從不猶豫，逛街選衣服時也從不曾遲疑。在看到的瞬間，我便知道該怎麼選。這不僅是我私底下的作風，在公事上也是一樣。

這個企畫是要做或不做，要或不要與那個人交往，下次休假是要去舊金山還是紐約；不管什麼事，我總是瞬間決定。

契機大概是童年的時候。我小時候很喜歡畫圖，母親每次帶我去百貨公司的美術展便會這麼對我說：

「來吧，就想作是要買回家裝飾家裡用的，選一幅你覺得最適合的。」

當然，那些畫作的金額不是我們家負擔得起的，不過只要想成是要裝飾自己房間用的，看畫時就忍不住認真起來。比起毫無頭緒地看完一百張畫作，以要選一張畫

給自己的角度來欣賞，就能跳脫喜好的層次，進而磨練判斷力。

至於逛完美術展後要請爸媽買哪一張明信片給自己，這又和選畫不一樣，對我而言可是一個需要認真看待的選擇。

去玩具店也一樣，每次我都在想要選那輛玩具車好，非常認真地做了選擇。雖然雙親很少買東西給我們，往往都是得來一句「下次再買吧」。不過為了那個下次，我還是想事先選好。

在不知不覺間，雙親為我進行了做選擇的特訓，這成了我出社會後的資本。常有人說我工作效率快，但我想這並不是因為我動作快或下筆快，而是我下判斷的速度快吧。

不管是生活還是工作，都是一連串的選擇。如果就連要不要和某人去吃午餐這種小事都猶豫不決，不管對自己或對方都會造成負擔。一直同時抱著「ＹＥＳ」和「ＮＯ」鑽牛角尖，想以自在的節奏過生活也成了難事。

特別在工作上，如果遲遲不給答案，總是要求別人「再給一點時間」，那勢必會打斷工作的節奏，給一起合作的人添麻煩。

一直到現在，我都持續在進行做選擇的特訓。

譬如說搭電車的時候，我會看看四周，然後在心中設想：「如果在這節車廂中挑一個人做朋友，我會選誰？」假日看到中古屋的夾報廣告，就算沒有要買的打算，我也會試著去想：「我要買哪一間？決定的關鍵原因是什麼？」

這些不但是做選擇的特訓，同時也能培養直覺，磨練自己的想像力。

或許是特訓有了成果，當我站在美國像極倉庫的二手書店，面對眼前龐大的書山時，我總能迅速找出自己中意的書籍。因為我能瞬間看出「在眼前這座書山的哪一個角落，一定挖得到寶」。

閱讀的時候也一樣，我總能立刻就在整本書裡找到自己需要的那句話。

不過比較令我頭疼的是和人一起用餐的時候。因為我總是一不小心就連對方的份都擅自決定好，這點我得好好注意才行。

○請務必切記，如果不決定是「YES」還是「NO」，會造成對方和自己的負擔。

○生活中處處可見做選擇特訓的題材，試著找出來並練習看看吧。

捨棄「苟且」的態度

每個人都會遇上特別忙碌的日子。

像是資料提出的截稿日，或是在一天之內必須清洗大量的衣物、完成衣櫃的換季等狀況。

遇到這種情形，恐怕你會將全副精神都集中在眼前「最忙的那件事」吧。把那件事視為最優先，至於其他的事則敷衍了事。

當你忘我地鍵入資料到電腦，同事苦著一張臉來找你，也只是虛應著回答；你集中心神整理衣物，不管孩子問什麼都心不在焉，一味敷衍應付。然而，這麼做真的好嗎？

或許你會覺得「總比置之不理要好吧」。況且，乍看之下，苟且了事似乎不會造成什麼重大後果。

可是，究竟對你而言，製作資料和你的工作夥伴，哪一邊比較重要？

對你來說，替衣櫃換季是應該比照顧孩子更優先的事情嗎？

愈是忙碌的時候，愈應該認清真正重要的事是什麼，養成確認優先順位的習慣，否則事態漸漸會演變成可怕的局面。「苟且」的次數逐漸積累，一點一點地侵蝕你的生活，不知不覺間你的世界就全變了樣。

與其苟且應付過去，我倒寧願自己因為埋頭工作和同事起了爭執，或是孩子受到忽視哭了起來。為什麼？因為這時候你便有機會放下手邊的工作，苦惱地意識到：「這下不好了。」

如果順利敷衍過去，表面上雖然維持平和，但水面下卻已經開始受到侵害，這才是可怕的事。

就拿書店「COW BOOKS」的例子來說，有時候店裡一忙，員工可能顧不得抬頭，低著頭就向顧客打招呼。

「歡迎光臨，謝謝惠顧。」

雖然依舊出了聲，可是那已經不是「問候」，不過是「聲音」。如果接受苟且行事，有出聲或許就算了事，可是我們想打造的應該不是這種隨便的書店才對。

假使索性完全不出聲，待客不周的缺點便會浮上抬面，相反的，如果嘴巴上念得若有其事，過失便會被模糊焦點。

人每天都被事情推著走，要時時不忘重要的事確實不容易，所以，我時不時會放下手邊的事，去思考應該要怎麼做。

要改掉苟且行事的毛病，最好先暫停一下手邊的事。

像在「COW BOOKS」，全體員工會針對工作方式進行討論。

而我們得出結論，對店裡而言最重要的事，不是顧及員工整理商品的方便，而是要打造出一個讓顧客得以與書本相遇的環境，以及接待客人。

於是我們便致力設想在工作忙碌時要怎麼做才不會輕慢客人，並嘗試去執行。就在這個過程中，我們順利改正了一個苟且的行為。

不管是家庭或職場，我想都是一樣的。請時時去檢查，自己是不是以苟且的態度來對待真正重要的事物。人與人的糾紛大都能靠溝通解決，所以，請一起停下腳步好好談談吧。

〇請重新審視自己是否把重要的事當成虛應故事。

〇尋常小事也仔細做好，就成了特別的事。

不要說「麻煩」

如果想活得快樂、活得幸福，就不要說「麻煩」。這是理所當然的事，卻常常容易遭遺忘，希望大家都能時時記起。

接到重要的工作時，回答「麻煩」是絕不被允許的一件事。大部分的上班族在工作上都能遵守這個原則，可是為什麼換成是其他更重要的事，卻能簡單以一句「麻煩」捨去呢。

「麻煩」這句話，我覺得不只是工作上，在生活中的大小事上頭都不可以說，甚至連想都不能想。

這個社會已經沒有麻煩的事，變得便利許多。大部分得花時間做的事情，都已經發明了新方法，得到了改善。不斷地進步，也造就了社會的潮流。

然而，便利是把雙刃劍。大家應該也要注意到了，便利的東西用得愈多，樂趣也會逐漸溜走。我們必須有所自覺，為了追求效率和便利自己失去了什麼。我們或許正面臨這關鍵時刻。

每一天都仔細地花時間好好過吧。想著要花時間做什麼事，度過那一天的時光。不要因為麻煩而作罷，儘管去花費勞力和時間，如此一來你一定可以找到雖小但最棒的快樂。

不是發電子郵件，而是選擇寫信。寫信雖然麻煩，但卻是快樂的事。

不要買現成的菜餚回來，而是自己做飯。做飯雖然麻煩，但卻是快樂的事。

不搭直升機而是自己爬上山，雖然麻煩，但能看見唯有用自己的腳登上山頂才能目睹的特別景致。

去克服「麻煩」這「不容易的事」。一天天積累下去，便有最棒的獎品在等著你。

○不要把掃除、做菜、問候、留意儀容當作「麻煩的事」，仔細地去做好。

○仔細地去做好麻煩的事，那便會成為你那天最重要的事。

想做的事與應該做的事

想做的事，就儘管去做。一般人普遍認為這是好事，但真的是這樣嗎？

「想做的事」雖然是從自己的心湧上的真實感受，但我覺得未必代表那一定是重要的事。請試著想像看看。

在一張大地圖上，拇指大小的自己正走在其中，然後你從外側觀察。看得到整張地圖的你看得見終點，可是地圖中拇指大的自己卻只看得見眼前的路。

途中看到了一串美麗的紫色葡萄，拇指大的你想吃，便停下了腳步。吃完葡萄，再次邁出腳步，然而這回右手邊又出現一座看起來很好玩的遊樂園，拇指大的你想小玩一會兒，便又靠了過去。

一路上不斷閒晃逗留，雖然玩樂的瞬間很快樂，卻遲遲無法抵達終點。

就如同以上的狀況，在「想做的事」當中混雜了許多和終點沒有關係的欲望。喝酒、狂歡、血拚散心——這些雖然是自己的心湧現的念頭，但並不是重要的事。

另一方面，「應該做的事」則是為了邁向終點、幫助自己成長必須要做的事。自始至終都應是你自主的行動，不應該是工作指標或有人強制你「不得不做的日課」。回到大地圖的例子，拇指大的你眼前出現了一條河，有時即便沒有船你也必須游過去，否則無法接近終點。對我而言，「應該做的事」就像這種情況。

要做一件事之前，你最好先清楚認知那個行動對你而言是「想做的事」還是「應該做的事」。

此時此刻，你是想要一瞬間的短暫快樂呢？還是想朝著理想的自己前進呢？你的願望將會改變你的選擇。

○請理解簡單得來的快樂和辛苦之後的樂趣有何不同。
○消遣就像偶爾得到的點心，並不能當成每天的正餐。

自己的用途

「我想做的事，都不讓我做。」會噘著嘴這麼抱怨的，並不只有小孩子。從成人嘴裡吐出的不滿和牢騷，充斥在世界的各個角落。

有人會抱怨「都遇不上能夠讓我成長的機會」。

然而，不管是工作還是人生的各種場合，做起來有成就感，又能使自己成長、適合自己的工作，本來就不可能自己送上門來。

如果只是等著別人吩咐你「做這、做那」，希望那件事碰巧是適合你的工作，可能性當然很低。

說起來，等待機會就像在等待一個能夠完美操控自己的人。這種「等待的時間」自然不會愉快。

但是，也不是自己主張說「我想要當〇〇」就行得通。

「想做的事」和「真正能做好、能幫得上忙的事」是不一樣的。

「我想做那件事」，儘管懷抱憧憬，但實際嘗試後很可能你並不喜歡。「我想做這件事」，就算抱著這個打算，但這工作可能並不適合你。

你首先要做的，應該是把自己看作一件工具。

不要抱著「想做什麼」的預設想法，把自己單純當作工具，以看待他人的冷靜視線來審視自己。

舉例來說，你覺得自己是平底鍋呢？還是砧板？是土鍋？

仔細地觀察，然後盡可能正確地理解自己。要做到這件事，你最好試著去想在家庭、公司、社區、社會，在與所有人的關係之中，你自己這件工具能派得上什麼用場，能做出什麼貢獻。

當只平底鍋或許感覺光鮮又帥氣，可是如果自己只是土鍋，自然無法擔負平底鍋的任務。

別人命令你「當把菜刀」，但你只是雙筷子，自然當不成菜刀。

工具如果搞錯用途，不僅無法派上用場，如果勉強使用，甚至可能導致工具損壞。

化身工具的自己，去找尋「如果是這件事，我派得上用場」的工作。我認為這才是真正的自我主張。

當然，就像土鍋除了可以用來煮飯，還能用來和大家一起吃火鍋，自己這個工具也不只限一個用途。就像有人「既可以當菜刀，也可以當砧板」。

其次，看你是在生活或在工作，你身處的環境也可能決定你變身成什麼工具。再說，每個人都處在「朝終點邁進的途中」，隨著時間過去，從前是湯杓的人現在也可能變成了烤箱呢。

比起想做的事，不如去做擅長的事吧。

此外，也請盡可能積極地去思考你這個工具的用途。

○好好觀察，慎密思考，仔細進行。沒有比這更好的做法。

○為了使自己這個工具能夠被選中，要時時保養不要懈怠。

你這個人的設計

自己只是一個普通人類，不是力大無窮的大象，所以不可能搬得動數噸的貨物。但究竟自己搬得動多重的貨物呢？事先知道自己的負荷量，是非常重要的事。

舉例來說，交友的負荷量，持有物的負荷量，工作的負荷量。

在前文也已經提過，人不應該胡亂與太多的人交往，建立隨便的人際關係，也不要擁有數量超出自己管理能力的物品。

相同的，在工作上也是一樣，絕不能當自己是永不會損壞的機器。

譬如說，如果自己只配備了一千五百cc的引擎，卻想方設法地試圖跑出兩千cc的速度，結果只是在勉強自己的心和身體，最後落得生病的下場。在責怪公司和其他人之前，或許應該再一次確認是不是確實掌握了自己的負荷能力，是否管理好自己的健康。

更何況，人本來就是被要求的動物。

公司會要求你做許多工作。家人以及其他人際關係，也會各自要求你配合扮演各種角色。在各種方面，每個人每天都會接到許多超出負荷的要求。

至於要如何回應．是否要回應——正確的判斷，能保護你自己的生活和對方。

在日常生活中觀察自己，去了解自己這個人的設計吧。這麼一來，你也能清楚自己的負荷量，不用再勉強。冷靜地觀察自己這個人身體的設計以及功能的設計，然後，確實去理解。

我常做一個練習，就是仔細盯著鏡子。因為臉色和體形可以顯示出一個人的健康狀況和心情狀態。

而我觀察自己的結果，得出了一個結論，那就是「不過剩」的狀態比較適合我。常有人說吃飯只要吃八分飽，而我決定不管是睡眠、工作或是人際關係，都只要做到八分就好。我的生活因此變得更自在。

不暴飲暴食，不削減睡眠時間工作，不要貪睡；就算玩得再開心，也要有所節制。這樣的秩序，替我調整出一個最適合我這個人的設計的生活。

偶爾，也花點時間了解你這個人的設計，去找出與你最契合的生活秩序吧。

○二十多歲時勉強得來的事，到了三十多歲、四十多歲便可能行不通。自己的設計是會產生變化的。

○不只是照臉，請準備一面照得進全身的鏡子，然後時不時去確認自己的設計。

徹底地休息

沮喪的時候，我會讓自己沮喪到底。以要墜落到深淵的打算，一個人躲起來。有時候為了隔絕外界的紛擾，還會逃到「避難所」展開一趟避難之旅。

很多時候，人會想哭。甚至有些時候，人會想死。我是一個成人、一個父親，是社會上的一分子，但我也是個有血有肉的人。絕大多數的人都是如此。所以，痛苦時根本不必去粉飾太平。

覺得悶悶不樂，就放自己休假去吧。

也許要花上一星期，也許要十天，就當作身患重病，名正言順地給自己休假吧。人要活著最基本的要素就是「自己」，所以以自己為優先、去珍惜自己，並不是任性自私的舉動。

心理疾病有藥可醫，周遭的親友也會提供關懷打氣，然而最後能救你的，終究只

有你自己。掉到地獄深淵的那一刻，除了自己，沒人能助一臂之力。
所以沮喪的時候，不要藉酒消愁狂歡解悶。
傷心的時候，不要忍住眼淚強顏歡笑。
不要因為覺得自己是成人了，就擺出無所謂的表情，什麼都忍下來。
哀嘆吧。悲傷吧。放聲哇哇大哭吧。
就像身體不舒服的時候，忍住吐意也無濟於事，把積壓的苦悶一口氣吐出來吧。
然後等到眼淚乾了，再與最害怕的那件事——自己懷中的黑暗——面對面，事情總有能夠克服的一天。等到克服了，人便會不可思議地變強。
每次看到朋友遇到了煩心的事遲遲無法看開，我便會這麼對他說：
「那是你還哭不夠吧，你是不是在忍耐著什麼事呢？」
對了，那你呢？最近，你好好哭過了嗎？

○先找好一個沮喪的時候可以躲進去的避難所吧。不管那是一本書，還是附近的公園。
○要正視自己是件可怕的事，但是絕對有鼓起勇氣一試的價值。

不貪心的規則

如果有人要分東西給你，你會拿兩個還是拿一個？在生活中，常會遇到這種狀況。舉例來說，現在眼前有看起來很美味的甜饅頭，你要拿兩個也不是不行，但也可以只拿一個。遇上這種情況，我會盡可能留心只拿一個就好。因為如果連對不是真心想要的東西都起了貪念，我想一定會遭報應的。

基於同樣的理由，我也禁止自己「順便」做某些事。

具體地說，像是為了雜誌的採訪工作到國外出差的時候，其實大可順道一起處理其他事。尤其像我同時在做好幾種工作，很多人認為不必想得那麼死腦筋，甚至還有人這麼說：

「就算是採訪工作，又不是從早到晚都沒有休息時間，如果是去美國，不是可以順道逛書店進一些二手書嗎？」

然而，那次的採訪是出版社出錢，我是為了出版社的任務專程去的。所以就算有多餘的時間，如果為了自己的利益「順便」去做其他工作，我認為是很不可取的。

在那種情況，我會選擇不踏進書店半步直接回國——這便是我不貪心的態度，也是我為了保持心的潔淨所做的努力。

現在舉的是我自己的例子，不過我想日常生活中也有很多類似的狀況。像是要趕赴一件緊急的工作時，並非出於必要，只是因為自己累了一天就選擇搭計程車前往，卻向公司請計程車費；或者，為了社區活動向居民募捐，卻從募得的款項中撥出慰勞工作人員的果汁錢。這些雖然都只是小事，可是如果為了貪這些小便宜而變得貪心，甚至可能會影響人的品格。

基於同樣的心態，如果很多人都伸手去拿饅頭，我會選擇等到最後再出手。因為就算貪心推開別人，也不可能發生什麼好事。

不過反過來說，那也是因為能讓我做到那種程度的事並沒有那麼多吧。

○你有確實做到公私分明嗎？以嚴格的態度來約束自己吧。
○不要貪心，禮讓他人，你便能得到真正想要的東西。

願望這種魔法

想完美做好某件事，有時就算準備一百萬種手段也沒用。常常發生一種情況，工具、方法、現實面的執行力都齊備了，可是事情就是無法有所進展，成效未達預期，就算再努力也無法完成。

像這種時候，我會許願。

「希望這件事絕對要做好！」

深刻的、強烈的、銘刻在心底般許下心願。不過與其說是向神許願，我覺得更像是希望激發存在自己心底的那股未知的力量。

許願這個舉動，能夠催生出巨大的力量。只要有強烈的意願搭配上均衡的執行能力，我想沒有什麼事是辦不到的。

在這個意思上，我相信許願就是一種魔法。

在我至今的生涯中，只要是真心想做的事，大致都能如願。「許下心願，然後行動，一切就能盡如己意」，許願就是有這種魔力。

我這麼說，可能會讓有些人誤解成坊間流行的「只要許願就能心想事成」的風潮，不過我認為許願是要有潔癖的。

譬如說，如果對「想賺大錢、想得到名畫、想受異性歡迎」這類單純的欲望用上許願的魔法，我覺得根本是一種冒瀆。

就算是再無稽、再細微的事，只要誠心許願，展開行動，一定就能實現。正因如此，如果把魔法用在「希望今天晚餐吃牛排」這種根本用不著許願的無聊小事上頭，簡直不可原諒。

你或許在想「何必那麼偏執、那麼死腦筋」吧？然而，我想不管是誰，都會覺得心中珍貴的志願是神聖的才對。

為了重要的事，請好好珍惜使用魔法。「為了達成這個心願，請讓我使用一下魔法」，許願時在心中抱持這份謙虛的心意，這就是使魔法永保魔力的祕密。

○將你真心盼望能夠實現的心願，明確地寫在紙上吧。
○強烈的心願會轉變為魔法，激發出讓你行動的能量。

純粹的愛戀

喜歡上一個人，就叫戀愛。

我覺得人應該永遠都保持戀愛的感覺。

不管你幾歲，是否結了婚、有沒有生小孩，或是擁有戀人和伴侶，只要你對人動了心，就不要阻攔那份感情。

「這個人真有魅力，好喜歡啊。」

聽到自己的心如此喃喃告白，我認為不必強自壓抑，按捺節制。自己的心還能感覺得到悸動，反倒要覺得珍惜、憐愛。如此一來，每一天的生活也會過得更開心吧。

當然，如果你有進一步行動的打算，那又另當別論了。

假使，把男女之間的交往定義成「有肉體關係」，不管這是過程還是目的，都是一個階段的終點。而「向對方告白」，應該也可以定義成一種終點。

並不限於男女關係，過程比抵達終點有趣的事，其實要比你我想像得多。就像開車兜風，樂趣是在抵達目的地前的路程；做菜常做到一半就感覺飽了，那也是因為切菜、調味的過程與品嚐同樣意義重大。

基於同樣的道理，與某人相遇，愛上對方，感覺自己的情感日漸升溫，在向對方傳達自己心意之前的昂揚感，有時甚至會超越告白的瞬間。

兩人單獨見面、談話，希望更熟悉、親近對方，懷抱著忐忑不安的心情和對方說話時的那份純情與悸動，或許比締結肉體關係的那一刻還要更加燦爛。

當然，戀情在兩人交往、建立肉體關係之後，還有更快樂的後續在等待著，可是如果你這時已經有了伴侶，希望更進一步可能會引發其他問題。像這種情況，何不選擇不扼殺自己的感情但也不以終點為目標，只是單純享受那種狀態呢？

沒有終點的戀情，和不求回報的愛很相似。沒有吸引對方注意或希望對方愛上自己的欲望，說法或許奇怪了一點，但那就像不要求任何「抵押品」的交易，是種純粹的感情。

我喜歡這個人。他好棒，只要想到他自己就心跳不已，精神百倍。這種心情就像馥郁的香氣，會瀰漫在你生活的每個角落。

無法傳達給對方的，不，甚至連告白的念頭都不想的百分之百的單戀，也就是百分之百純粹的愛情。

長大成人後，要在生活中找到無償、純粹的東西是愈來愈難了。就把那份感情視為唯一不去染指的「純粹事物」，當作自己的寶物也不錯。

健全的戀情可以為人生增色，帶來莫大的愉悅，本應是件值得期盼的事不是嗎？不過也不必為此特意去找對象，只要在遇見時不要抹殺自己的感情就行了。如此一來，即便對方是電車上萍水相逢的陌生人，也可能和他談場純純的戀愛呢。

○不管你是否結了婚，年紀多大了，戀愛都是件美好的事。

○請珍惜那種雀躍不已的心情，並將之轉換成平日行動的勇氣吧。

變身空無的練習

我不喜歡思緒被日常瑣事給占滿，我喜歡自己的心隨時都有一定程度的空間。這是我的基本狀態，也是我放鬆心情的方法。

讀了介紹冥想法的書，找到了適合我的想像引導方法。我又加進了一些自己的做法，並且常在睡前執行這個動作。

這個方法可以平復紛亂不已的心，溫和地清理出心的空間，請容我在這裡介紹一下。如果是白天，你也可以輕鬆地坐在沙發上進行。

首先，躺進被窩，閉上眼睛。然後，開始想像自己心裡的風景。

一天之中，一定會有許多事進駐到你的心裡吧，像是工作或生活中大大小小、各式各樣的事情。就趁這個時候，一一去檢視。

「心裡的房間是塞得滿滿的？還是有一些空白？」

如果有空白，心情應該很輕鬆，想必很快就能入睡。不過當沒有空間的時候，問題就來了。精神受到壓迫時，心裡的房間會被塞進很多東西，變得亂七八糟，甚至分不清到底放進了什麼。這種時候，就試著這麼問自己：

「我是不是把應該做的事和想做的事給搞混了？」

「是不是被某人或某件事影響過深，以致自己的規則和秩序被打亂了？」

「是不是忘了自己這個人的設計，超過限度勉強自己？」

一一回答這些問題後，就轉而切換心中的畫面，

一開始，先想像自己在一座高山的山頂，坐在一處略微凹陷的窪地。你處在非常高的位置，不低頭就看不見雲氣。那些雲氣在遙遙的下方，緩緩的，輕飄飄流動著。

在場的，只有一個人坐在那裡的你。四周處在全然的靜寂。

視野裡是一片雲都看不見的天空。你感覺得到的，也只有屁股下山頂的窪地。

漸漸地，感覺開始消失了。首先是與地面接觸的臀部感覺消失了。臀部一點一點地浮了起來，身體也變得很輕，飄上了天空。

在空中飄啊盪的，身體完全放鬆，感覺很舒服，索性就躺在天空休息吧。

橫躺著伸長手腳。閉上眼睛，你已經看不見天空。感覺到的，只有舒服地飄浮在

天空的感覺。

接下來就好玩了，請想像你的手腳開始脫離你的身體。一點都不痛，宛如被風吹飛的雲一般，想像你的手和腳輕飄飄地自身體飛離。脫離的手腳輕柔地飄動著，不久化作了細小的碎片被風帶往遠方，融化在天空中，消失無蹤。

手腳消失後，身體變得更輕，你還是飄飄地浮在空中，覺得很放鬆。然後，這次輪到了身體，腰部以上和腰部以下同樣輕輕地分了開來。身體之後，輪到頭部脫離。你的身體愈來愈小，愈來愈小，變成一塊一塊的。不久，就變得像雪白的洋蔥末

般細小，然後又縮成一片雪花大小，又變得像雲的微粒，然後，不知從哪裡吹來了一陣風，把你吹得不見蹤影。終於，身體全部消失了。不過，飄浮在天空中那種舒暢的感覺還殘留著。就感受著那份舒坦，進入夢鄉吧。

以上，就是我推薦的化身虛無的練習。

○一開始或許無法進行得很順利，不過只要持續練習，就能抓到快樂的訣竅。

○如果擁有自己獨門的放鬆方法，便可以增強信心。

無我的幸福

我雖沒有宗教信仰，但我並非「不信神」。

宗教傳授眾生幸福的方法，不管是佛教、儒教、基督教，還是伊斯蘭教，教義說法雖不同，但我認為他們宣揚的或許是同一個真理。

我身為日本人，最熟悉的宗教是佛教，而佛教教義中的最高境界「開悟」就是要認識自己的本來面目。或許這也是其他宗教追求的目標也說不定。

為了學習先人智慧，我時常會閱讀佛法書籍。從佛陀留下來的智慧中，與我最契合的佛法是「八正道」，也就是正見、正思惟、正語、正業、正命、正精進、正念，以及正定。

除此之外，深深銘記在我心深處的，則是佛陀即將圓寂前弟子聚集前來聽師父最後說法的故事。

當佛陀坐下來準備開示時，那些與他一路旅行的弟子紛紛圍上前來，包圍住他。

為了擔心聽漏師尊開示的一句一字，理所當然眾人莫不拚命地擠近師父座下。

但是，佛陀叱責了那些弟子。

「你們全擠在我身旁，那些站在遠處的尋常百姓不就聽不見我說法了，我想說法給他們聽，他們或許也想聽我說話。你們要先學的，應該是自制，看看能除去多少我執。」

這個故事深深打動了我。在每一天用心過生活的日子裡，我期待未來有一天自己也能了悟這個教訓。

人活在這世上，總是在心中祈願「想做這、想做那」。

與人相處的時候，人也難免會提出自己的主張，自我意識抬頭。

活出自我，表現自己，實現自我，一般人都認為這就是人生。就拿我來說，我也經歷過幾次這種場面。畢竟我們不是生活在深山僻地，或許可以說，這也是無可奈何的事。

雖說不想與人競爭，但有時不得不競爭。

雖說不想與人爭戰，但有時為了保護自己不得不挺身反抗。

然而，就算現在得反覆過著這種生活，但在未來會有個更寬廣的世界——無我的幸福——在自己面前展開，這不是很美好的一件事嗎？

我希望知道，雖然現在得每天汲汲營營過日子，但人生最終的目標並不在這裡。而且，如果有個更值得一探究竟、自己未知的崇高精神世界會在遙遠的未來為我們打開大門，以那個更加開闊的美好世界為目標，我們不就可以再次振奮地踏上旅途嗎？

為了認識自己而拚命活著，未來則有無我的幸福在等待。那無垠的未來，或許就在明天等著我們。

○要做到屏除自我是件困難的事，但突破之後一定能看見唯有親身經歷才能見到的風景。

○如果想要仔細地度過長長的人生，那就先從仔細地度過今天的此時此刻做起。

後記——想以等不及明天到來的心情，說「晚安」

我父親收集了許多彩券。

全都是沒中獎的彩券。父親似乎是把數十年分沒中獎的彩券給珍藏起來了。

感到不解的我有一次問父親原因，而他是這麼回答的：

「如果把沒中獎的彩券丟掉，感覺以後永遠都中不了。」

或許那些沒中獎的彩券對父親而言就像是護身符吧。

我不買彩券，我的護身符則是一直以來曾吞下過無數次的、許許多多可恥又可悲的失敗。

而我把失敗和成功全都收集起來，並一直在尋找「下一個大獎」。

直到好長一段時間過去，我才發現人生其實並沒有所謂的沒中獎的彩券，因為失敗和成就互為卡片的表裡，兩者其實是一組的。

舉個例子，我高中輟學後在美國流浪過幾年。在當時，這是「失敗」，甚至稱得上是我人生的黑暗時期，可是沒想到就在不知不覺間，這段經歷竟成了使我這個人得以成形的「寶物」。

翻開表面是「失敗」的卡片，就變為成就雖小但顯示「成功」的卡片。在人生的旅途上，點點散落著一張張的卡片，就將那些卡片連成一條線吧。

用心地度過今天，就是將卡片翻轉過來的方法。

也是將一張張散落的卡片連成一線的方法。

更重要的，我認為這也是使自己日日更新的方法。

我很不喜歡被分類。被人以頭銜稱呼，感覺就像被人強制看作零件似的，令我想拔腿就逃。我希望自己不是父親，不是總編輯，不是經營者，什麼都不是。只是原原本本的「松浦彌太郎」。

沒有商品名，也沒有華美的包裝和品牌，我想當「今早現採的產地直送商品」，不貼上標籤，直接將最赤裸裸的自己送到明天。

為了辦到這點，我希望自己每一天都能有所不同。淌著汗水努力，我希望找到幫自己加油的方法。我不想只是聽從偉大的人的意見，我想用自己的腳去找，用自己的手去抓住。我想，有這種想法的應該不只有我才對。

從這層意義看，這本書裡的內容不過是我的見解。

或許，在你心中也有一本相似的祕笈。這次雖然由我代表出書，但下一個將內容加工、催生出更好的作品的，或許就是你也說不定。

據說美味的料理是經過擁有食譜的人一個傳一個傳授出去，風味漸漸改變，變得愈來愈美味，最後味道才臻至完美。

世界各地的餐桌上頭擺著各自有些差異的美食，你招待我到你的餐桌，我招待你來我的餐桌，你來我往。如果，人生的智慧、巧思與新發現也能趁此機會得到交流的話……

看來，今天我也能以等不及明天到來的心情道「晚安」了。

今天也要用心過生活。松浦彌太郎

今天也要用心過生活

作　　者　松浦彌太郎
譯　　者　張富玲
責任編輯　林如峰
國際版權　吳玲緯
行　　銷　闕志勳　吳宇軒　余一霞
業　　務　李再星　李振東　陳美燕
主　　編　林怡君
編輯總監　劉麗真
事業群總經理　謝至平
發 行 人　何飛鵬
出　　版　麥田出版
115台北市南港區昆陽街16號4樓
電話：(02) 2-2500-0888　傳真：(02) 2500-1951　網站：http://www.ryefield.com.tw
發　　行　英屬蓋曼群島商家庭傳媒股份有限公司城邦分公司
115台北市南港區昆陽街16號8樓
網址：http://www.cite.com.tw
客服專線：(02)2500-7718；2500-7719
24小時傳真專線：(02)2500-1990；2500-1991
服務時間：週一至週五09:30-12:00；13:30-17:00
劃撥帳號：19863813　戶名：書虫股份有限公司
讀者服務信箱：service@readingclub.com.tw
香港發行所　城邦(香港)出版集團有限公司
香港九龍土瓜灣土瓜灣道86號順聯工業大廈6樓A室
電話：+852-2508-6231　傳真：+852-2578-9337　E-mail：hkcite@biznetvigator.com
馬新發行所　城邦(馬新)出版集團【Cite(M) Sdn. Bhd.(458372U)】
41-3, Jalan Radin Anum, Bandar Baru Sri Petaling, 57000 Kuala Lumpur, Malaysia.
電話：+603-9056-3833　傳真：+603-9057-6622　E-mail：services@cite.my
封面設計　許晉維
印　　刷　漾格科技股份有限公司
初版一刷　2011年10月
二版一刷　2019年9月
二版十三刷　2024年7月
定　　價　新台幣260元

I S B N　978-986-344-680-4
本書若有缺頁、破損、裝訂錯誤，請寄回更換。

國家圖書館出版品預行編目資料

今天也要用心過生活／松浦彌太郎作；張富玲譯. -二版. -臺北市；麥田出版；家庭傳媒城邦分公司發行，2019.09
面；　公分
譯自：今日もていねいに
ISBN 978-986-344-680-4(平裝)
1.修身 2.生活指導
192.1　　108010245